Quick Guide

Quick Guides liefern schnell erschließbares, kompaktes und umsetzungsorientiertes Wissen. Leser erhalten mit den Quick Guides verlässliche Fachinformationen, um mitreden, fundiert entscheiden und direkt handeln zu können.

Weitere Bände in der Reihe http://www.springer.com/series/15709

Matthias Ruff

Quick Guide Personaldienstleistung

Was Sie über Portfoliobausteine, Markt, Compliance und Trends wissen sollten

Matthias Ruff
Mannheim, Deutschland

ISSN 2662-9240   ISSN 2662-9259 (electronic)
Quick Guide
ISBN 978-3-658-33897-8   ISBN 978-3-658-33898-5 (eBook)
https://doi.org/10.1007/978-3-658-33898-5

Die Deutsche Nationalbibliothek verzeichnet diese Publikation in der Deutschen Nationalbibliografie; detaillierte bibliografische Daten sind im Internet über http://dnb.d-nb.de abrufbar.

© Der/die Herausgeber bzw. der/die Autor(en), exklusiv lizenziert durch Springer Fachmedien Wiesbaden GmbH, ein Teil von Springer Nature 2021
Das Werk einschließlich aller seiner Teile ist urheberrechtlich geschützt. Jede Verwertung, die nicht ausdrücklich vom Urheberrechtsgesetz zugelassen ist, bedarf der vorherigen Zustimmung der Verlage. Das gilt insbesondere für Vervielfältigungen, Bearbeitungen, Übersetzungen, Mikroverfilmungen und die Einspeicherung und Verarbeitung in elektronischen Systemen.
Die Wiedergabe von allgemein beschreibenden Bezeichnungen, Marken, Unternehmensnamen etc. in diesem Werk bedeutet nicht, dass diese frei durch jedermann benutzt werden dürfen. Die Berechtigung zur Benutzung unterliegt, auch ohne gesonderten Hinweis hierzu, den Regeln des Markenrechts. Die Rechte des jeweiligen Zeicheninhabers sind zu beachten.
Der Verlag, die Autoren und die Herausgeber gehen davon aus, dass die Angaben und Informationen in diesem Werk zum Zeitpunkt der Veröffentlichung vollständig und korrekt sind. Weder der Verlag, noch die Autoren oder die Herausgeber übernehmen, ausdrücklich oder implizit, Gewähr für den Inhalt des Werkes, etwaige Fehler oder Äußerungen. Der Verlag bleibt im Hinblick auf geografische Zuordnungen und Gebietsbezeichnungen in veröffentlichten Karten und Institutionsadressen neutral.

Planung/Lektorat: Stefanie Winter
Springer Gabler ist ein Imprint der eingetragenen Gesellschaft Springer Fachmedien Wiesbaden GmbH und ist ein Teil von Springer Nature.
Die Anschrift der Gesellschaft ist: Abraham-Lincoln-Str. 46, 65189 Wiesbaden, Germany

Inhaltsverzeichnis

1	**Grundlagen**	1
	1.1 Leistungsportfolio und Begriffe	1
	1.2 Rechtliche Grundlagen	9
	1.3 Märkte	12
	Literatur	19
2	**Vertragsarten und Compliant Sourcing**	21
	2.1 Arbeitnehmerüberlassung	21
	2.2 Personalvermittlung	44
	2.3 Contracting/Freelancer/Interim Management	52
	2.4 Werkvertrag und Managed Services	63
	2.5 Rechtliche Risiken und Compliance konforme Vorgehensweisen	71
	Literatur	81
3	**Wissenswertes**	85
	3.1 Interessensvertretungen	85
	3.2 Qualität und Normen	87
	3.3 Berufsbilder und Bildung	89

3.4	Plattformen und Crowdworking	91
3.5	Google for Jobs	94
3.6	Zusammenarbeit und Umgang der Beteiligten – König Kandidat und König Kunde	96
3.7	Ausblick	104
Literatur		108

1 Grundlagen

Was Sie aus dem Kapitel mitnehmen:

- Wie das Leistungsportfolio moderner führender Personaldienstleister aufgebaut ist
- Welche zusätzlichen Bausteine noch angeboten werden können
- Welche Begriffe Sie verstehen sollten
- Welche rechtliche Basis die unterschiedlichen Vertragsarten haben
- Welche Merkmale die einzelnen Märkte haben

1.1 Leistungsportfolio und Begriffe

Warum beauftragt eine Institution einen Personaldienstleister[1]? Aufgrund des Wunsches, beziehungsweise der Notwendigkeit, nach einem dauerhaften oder temporären Bedarf an Personal oder Beratungsleistungen in Projekten bis hin zum kompletten Outsourcen von

---

[1] „Die Personaldienstleister sind mit fast 60 Mio. Arbeitnehmerinnen und Arbeitnehmern der weltweit größte Arbeitgeber im privaten Sektor."(Becker et al. 2020)

Leistungsbausteinen an Dienstleister. Das **Portfolio führender Personaldienstleister** hat sich in den letzten Jahren **erweitert**. Die Abgrenzungen zu beispielsweise einem IT- oder Engineering-Dienstleister sind nicht mehr trennscharf. So dringen zunehmend IT- oder Engineering-Dienstleister in das Leistungsportfolio der Personaldienstleister ein und übernehmen Kernsegmente wie Personalberatung oder Arbeitnehmerüberlassung. Auf der anderen Seite entdecken immer mehr Personaldienstleister auch hoch qualifizierte Dienstleistungen in Form von Lieferung fertiger Software oder die Entwicklung von Engineering-Gewerken für sich.

Grundsätzlich kann die **Abdeckung an einem temporären Bedarf** über **unterschiedliche Wege** beschritten werden, wie beispielsweise:

- Praktikanten[2] und Werkstudenten
- Rentner
- Befristete Verträge in Festanstellung
- Berater
- Zeitarbeitnehmer
- Freelancer/Interim-Management
- Outsourcing von Leistungen an Fremdfirmen
- Vergabe von Gewerkleistungen

Das **Portfolio führender moderner Personaldienstleister** besteht aus mehreren Leistungsbausteinen wie:

- Personalvermittlung bis zum Executive Search und Recruitment Process Outsourcing
- Arbeitnehmerüberlassung bis zum Onsite Management
- Leistungen auf Basis von Dienstverträgen (Contracting/Interim Management) bis Managed Service Providing
- Übernahme von Gewerken bis hin zu Infrastrukturleistungen im Umfeld von beispielsweise IT oder Facility Management

---

[2]Zur Vereinfachung und Erhöhung der Lesbarkeit wird in diesem Buch nur die männliche Schreibweise gewählt. Es bezieht sich bei jeder Anwendung auf weiblich, divers und männlich („w/d/m").

1 Grundlagen

Auch aufgrund der Auswirkungen von Corona haben große Dienstleister das Thema der Outplacementberatung wieder für sich entdeckt.

Das Leistungsportfolio der führenden Dienstleister ist meist vielschichtig und anspruchsvoll in der Abwicklung. Sehr wichtig ist dabei insbesondere der richtige Ansatz auf rechtlich korrekten Grundlagen. Insbesondere bei Freelancern auf Basis von Dienstverträgen und Gewerken basierend auf Regelungen für Werkverträge muss auf die exakte Abgrenzung zur Arbeitnehmerüberlassung geachtet werden. Dies haben einige Personaldienstleister professionalisiert und ergänzen ihr Portfolio um Beratungsleistungen im Umfeld Compliance, also dem rechtskonformen Einsatz von Fremdleistungen im Umfeld Personal.

Weitere Dienstleister bieten auch **spezielle Beratungsleistungen** an wie zum Beispiel:

- Übernahme von Verträgen oder Firmen
- Unternehmensnachfolge
- Suche nach Mitgliedern von Aufsichtsräten
- Beratung zu Vergütungssystemen bis hin zum Benchmarking der internen Gehälter zum Markt
- Coaching von Mitarbeitern, Teams und Führungskräften bis hin zum Konfliktmanagement oder Personalentwicklungsmaßnahmen
- Potentialanalysen
- Organisationsentwicklung für Aufbau- wie Ablauforganisation
- Personalanpassungsmaßnahmen/Transferleistungen infolge von Betriebsänderungen insbesondere mit dem Ziel, die Vermittlungschancen von Arbeitsplatzabbau betroffenen Arbeitnehmern zu verbessern (§§ 110 (Transfermaßnahmen), 111 (Transferkurzarbeitergeld) SGB III), bis hin zur Gründung von Transfergesellschaften und Betriebsübergang (§ 613 a BGB)

Diese Dienstleistungen sind meist hochspezialisiert und/oder von vergleichsweise geringerem Gesamtumsatz in Deutschland. Aus diesem Grund werden sie in diesem Buch nur an dieser Stelle erwähnt, aber nicht in der Tiefe vorgestellt.

Die **Einteilung der Märkte** der Personaldienstleistungen kann beispielsweise erfolgen durch:

- Kundenbranchen wie Chemie, Maschinenbau oder Banken- und Versicherungen in deren Kernaufgaben
- Funktionen/Aufgabenbereiche wie Rechnungswesen, Einkauf oder Vertrieb
- Jobrollen wie Verpackungsingenieure, Ärzte oder Juristen
- Vertragsarten und deren rechtlicher Basis wie Arbeitnehmerüberlassung
- Ausbildung und/oder Einkommen der Kandidaten mit entsprechenden Verrechnungssätzen

Die Einteilung der Märkte und Leistungen der Personaldienstleister nach Ausbildung und/oder Einkommen sind nicht trennscharf. Die Leistungsbausteine, beginnend mit niedrigem Qualifikationsniveau mit Focus auf Arbeitnehmerüberlassung über Mitarbeiter mit höherer Ausbildung und einigen Jahren Berufserfahrung im Specialist Recruitment, dem Contracting mit hoch qualifizierten Freelancern bis hin zum Executive Search oder Interim Management mit sehr hohen Einkommen, sind vielfältig. Wichtig sind individuelle auf die Zielgruppen ausgerichtete Strategien.

Die Klärung einzelner grundsätzlicher Begriffe hilft für das Verständnis der Personaldienstleistungen und dem Verstehen von Zusammenhängen sowie Einteilungen in Kategorien.

Specialist Recruitment: die Kandidaten verfügen über eine Ausbildung oberhalb der reinen Lehrberufe, meist mit Studium und Berufserfahrung. Das Jahreszielgehalt liegt üblicherweise zwischen 60.000 und 140.000 EUR.

Personalvermittlung (siehe insbesondere Abschn. 2.2): Vermittlung des Kandidaten zum Kunden in Festanstellung bei diesem. Die Gewinnerzielungsabsicht ist ein Kennzeichen der privaten Arbeitsvermittlung. Öffentliche Arbeitsvermittlung ohne Absicht der Gewinnerzielung liegt in der Zuständigkeit des Bundesministeriums für Arbeit. Die Grenzen der Personalvermittlung zur Personalberatung sind häufig fließend.

Personalberatung: Aufträge der Personalberatung umfassen meist individuelle zusätzliche Leistungsbausteine und gehen über die reine Personalvermittlung hinaus. Kennzeichen sind ein individuelles, rein auf eine Stelle bezogenes Screening hoch qualifizierter Kandidaten, gemeinsame Erarbeitung der möglichen Stellenanzeige und Suchstrategien zum am besten geeigneten potenziellen Kandidaten. In der Regel erhält ein Dienstleister den Auftrag exklusiv und rechnet nicht rein erfolgsorientiert ab.

Executive Search: Personalberatung für sehr hochstehende Positionen mit entsprechendem Einkommen, häufig über 250.000 EUR.

Recruitment Process Outsourcing (RPO)/Recruitment Process (RPS) (siehe insbesondere Abschn. 2.2): das Auslagern von Recruiting Aktivitäten für internes Personal auf einen einzelnen Dienstleister. Diese Auslagerung kann auf einzelne Prozesse, Stellen, Jobrollen oder Regionen bis hin zur kompletten Auslagerung der Rekrutierungstätigkeiten der HR gehen.

Arbeitnehmerüberlassung (auch Leiharbeit oder Zeitarbeit, siehe insbesondere Abschn. 2.1): der Einsatz eines bei dem Dienstleister festangestellten Mitarbeiters beim Kunden bei gewerbsmäßiger Ausübung, basierend auf dem Arbeitnehmerüberlassungsgesetz (AÜG). Es gibt Ausnahmen wie bei Konzernunternehmen oder nur gelegentlicher Überlassung von Arbeitnehmern, bei welchen das Arbeitnehmerüberlassungsgesetz nicht angewendet wird.

Zeitarbeitnehmer: Mitarbeiter eines Unternehmens, welcher zum Zwecke der gewerbsmäßigen Überlassung beim Personaldienstleister festangestellt ist. Zeitarbeitnehmer werden in die Arbeitsorganisation der Kunden eingegliedert und unterliegen dessen Weisungen. Der

Zeitarbeitnehmer muss vor der Überlassung zum Kunden darauf hingewiesen werden, dass er dort als Leiharbeiter tätig wird. Die Begriffe Leiharbeiter, Zeitarbeiter, Zeitarbeitnehmer oder Leiharbeitnehmer werden synonym verwendet.

Entgeltgruppe: die Zeitarbeitnehmer werden in Entgeltgruppen eingeteilt. Diese sind tariflich geregelt und mit entsprechendem Stundenlohn hinterlegt. Basis für die Gruppeneinteilung sind die Qualifikationen, welche für die Tätigkeit beim Kunden notwendig sind.

Onsite Management: die dauerhafte Abwicklung von Tätigkeiten des Dienstleisters (durch interne Mitarbeiter) beim Kunden vor Ort. Onsite Management ist häufig in der Arbeitnehmerüberlassung bei einer Vielzahl von gleichzeitig überlassenen Zeitarbeiternehmern in einem Betrieb zu finden. Zunehmend findet Onsite Management auch bei Contracting-Leistungen statt.

Contracting (auch Projektarbeit, siehe insbesondere Abschn. 2.3): Dienstleister werden vom Kunden zur Durchführung von Projekten beauftragt. Die technische Durchführung der Projekte erfolgt über Subunternehmer des Dienstleisters, in der Regel durch Freelancer. Rechtliche Basis ist meist der Dienstvertrag.

Interim Management: die Durchführung hierarchisch hochstehender Projekte durch Interim Manager. Die rechtliche Basis ist meist ebenfalls der Dienstvertrag.

Freelancer (auch Solo-Selbständiger, Freier Mitarbeiter, Contractor, Honorarkraft oder Freiberufler; die Begriffe werden häufig (fälschlicherweise) synonym verwendet, in diesem Buch findet durchgängig nur der Begriff Freelancer Anwendung): in der Regel ein Solo-Selbständiger ohne sozialversicherungspflichtige Angestellte, welcher meist auf Basis eines Dienstvertrages Projekte im Auftrag durchführt. Freelancer sind im Gegensatz zum Arbeitnehmer nicht in die Arbeitsorganisation eingegliedert und unterliegen somit auch keinen Weisungen. Die Leistungen erbringen sie meist persönlich.

Freie Berufe (auch Freiberufler): Freie Berufe ist die Sammelbezeichnung für bestimmte Berufsgruppen. Sie können sowohl selbstständig als auch im Angestelltenverhältnis ausgeübt werden. Die freien Berufe sind im Einkommensteuergesetz aufgeführt, beispielsweise Ärzte, Heilpraktiker Rechtsanwälte, Notare, Architekten, Steuerberater oder Journalisten. Die individuelle Einstufung von freiberuflicher Tätigkeit erfolgt durch das Finanzamt. Gewerbeanmeldung und Gewerbesteuer entfallen ebenso wie die Pflicht zur doppelten Buchführung oder der Mitgliedschaft bei der IHK.

Dienstvertrag: die Durchführung von Diensten gegen Entgelt. Der Auftragnehmer verpflichtet sich lediglich zur Erbringung der Arbeitsleistung an sich, die Abrechnung erfolgt in der Regel auf Stunden- oder Tagesbasis. Im Gegensatz zum Werkvertrag verpflichtet sich der Auftragnehmer also nicht zur Herstellung einer bestimmten Sache, sondern lediglich zur Erbringung der Arbeitsleistung an sich.

Werkvertrag (siehe insbesondere Abschn. 2.4): Im Gegensatz zum Dienstvertrag verpflichtet sich der Auftragnehmer zur Erbringung einer bestimmten Sache. Die Vergütung erfolgt in der Regel nach abgenommen Projektabschnitten oder nach Abnahme des kompletten Gewerks.

Scheinselbständigkeit/Scheinselbständiger (siehe insbesondere Abschn. 2.5): Scheinselbständige sind Personen, bei denen der sozialrechtliche Status in einem bestimmten Zeitraum unklar ist. Mit Klärung des Status werden die Personen entweder als Selbstständige oder Arbeitnehmer eingestuft. Oft in Zusammenhang mit laufenden Dienst-oder Werkverträgen mit Selbstständigen, welche in der Praxis bei der Durchführung der Tätigkeit allerdings wie Arbeitnehmer behandelt werden. Die Konsequenzen können hohe finanzielle Folgen bis hin zum Freiheitsentzug sein.

Compliance konforme Vorgehensweisen (siehe insbesondere Abschn. 2.5): Compliance konformes Handeln im Sinne der Personaldienstleistung ist der rechtskonforme Einsatz unterschiedlicher Vertragsformen, insbesondere in den Abgrenzungen zwischen Dienst- und Werkverträgen zur Arbeitnehmerüberlassung. Dies beginnt mit der korrekten Ausschreibung in der richtigen Vertragsform aufseiten der Kunden, nachfolgend der Dienstleister mit Bewertung, Besetzung und Begleitung auch während der Laufzeit des jeweiligen Vertrages. Freelancer müssen grundsätzlich, und nicht nur während eines Projektes, als Selbständige auftreten.

Managed Service Providing (MSP, siehe insbesondere Abschn. 2.3): MSP in Zusammenhang mit Personaldienstleistungen steht für die Steuerung von mehreren Schnittstellen zwischen Kunden und deren Lieferanten als Intermediär für externe Ressourcen durch einen Dienstleister.

Vendor Management System (VMS, siehe insbesondere Abschn. 3.5): sind meist webbasierte Systeme zur Ausschreibung und Verwaltung meist externer Ressourcen.

Application Tracking System (ATS, siehe insbesondere Abschn. 3.5): siehe VMS, für den Rekrutierungsprozess von internen Mitarbeitern.

Das grundsätzliche Verständnis der Begriffe ist wichtig für das ganzheitliche Greifen der Leistungsbausteine moderner Personaldienstleistungen. Diese spannenden Felder können aufgrund des Buchformates als „Quick Guide" jedoch im Folgenden nur jeweils in den Grundzügen aufgezeigt werden.

1.2 Rechtliche Grundlagen

Die Reform des Arbeitnehmerüberlassungsgesetzes ist nach jahrelanger vorangegangener Diskussion zum 01.04.2017 in Kraft getreten. Wesentliche Änderungen wurden eingeführt, wie beispielsweise:

- Höchstüberlassungsdauer von 18 Monaten (Abweichungen möglich)
- Gleichstellungsgrundsatz nach neun Monaten (Abweichungen möglich)
- Offenlegungs- und Kennzeichnungspflichten
- Streikregelungen

Die „anderen Gesetze" betreffen unter anderem den Einsatz von Dienst- und Werkverträgen. Wesentliche Neuerungen diesbezüglich waren beispielsweise Verschärfung der Sanktionen bei verdeckter Arbeitnehmerüberlassung oder Wegfall der „Vorratserlaubnis" bzw. „Fallschirmlösung", welche zur Absicherung der Kunden von Dienstleistern angeboten wurde und an späterer Stelle (Abschn. 2.5) erläutert wird.

Im Zuge der Reformen wurde der **§ 611 a** aufgenommen und damit der **Arbeitnehmerbegriff** erstmalig im Bürgerlichen Gesetzbuch gesetzlich definiert. Der Arbeitnehmerbegriff ist wichtig für das Verständnis bei der Einschätzung von Selbstständigkeit in der Durchführung von Werk- und Dienstverträgen und dient auch als Basis zur Klärung von Scheinselbstständigkeit. Die Definition erfolgt über den Arbeitsvertrag (BMJV 2020):

„(1) Durch den Arbeitsvertrag wird der Arbeitnehmer im Dienste eines anderen zur Leistung weisungsgebundener, fremdbestimmter Arbeit in persönlicher Abhängigkeit verpflichtet. Das Weisungsrecht kann Inhalt, Durchführung, Zeit und Ort der Tätigkeit betreffen. Weisungsgebunden ist, wer nicht im Wesentlichen frei seine Tätigkeit gestalten und seine Arbeitszeit bestimmen kann. Der Grad der persönlichen Abhängigkeit hängt dabei auch von der Eigenart der jeweiligen Tätigkeit ab. Für die Feststellung, ob ein Arbeitsvertrag vorliegt, ist eine Gesamtbetrachtung aller Umstände vorzunehmen. Zeigt die tatsächliche Durchführung des Vertragsverhältnisses, dass es sich um ein

Arbeitsverhältnis handelt, kommt es auf die Bezeichnung im Vertrag nicht an.
(2) Der Arbeitgeber ist zur Zahlung der vereinbarten Vergütung verpflichtet."

Im Gegensatz zum Selbstständigen ist der **Arbeitnehmer** also:

- **weisungsgebunden**
- **fremdbestimmt** und
- **in persönlicher Abhängigkeit**

Grundsätzlich dürfen Verträge frei gestaltet werden. Begrenzungen bei Vertragsgestaltungen sind u. a. gesetzliche Verbote (§ 134 BGB), Sittenwidrigkeit (§ 138 BGB) oder Treu und Glauben (§ 242 BGB). Das Arbeitnehmerüberlassungsgesetz schreibt darüber hinaus jedoch sehr genau die Vorgehensweisen und bei Verstößen bereits entsprechende Strafen vor.

In Tab. 1.1 finden Sie eine **Übersicht über die rechtlichen Grundlagen der Vertragsformen.**

Das **Arbeitnehmerüberlassungsgesetz** setzt die europäische Richtlinie 2008/104/EG über Leiharbeit um und findet grundsätzlich Anwendung, wenn ein Arbeitgeber seinen Arbeitnehmer einem anderen Arbeitgeber überlässt. Nach § 1 Abs. 3 findet das AÜG keine Anwendung

- bei gelegentlicher Arbeitnehmerüberlassung,
- zur Vermeidung von Kurzarbeit oder Entlassungen desselben Wirtschaftszweiges,
- zwischen Konzernunternehmen,
- bei Arbeitnehmerüberlassungen zwischen juristischen Personen des öffentlichen Rechts und bei Aufgabenverlagerung aufgrund eines Tarifvertrags des öffentlichen Dienstes.

Die Basis der **Personalvermittlung** sind häufiger unverhandelte **Allgemeine Geschäftsbedingungen** (§§ 305 ff BGB) oder eine rein erfolgsorientierte Provisionierung, was einen Vertrag nach **Maklerrecht** (§§ 652 ff) zur Folge hat. In der Personalberatung mit abgestuften

Tab. 1.1 Gesetzliche Grundlagen der Vertragsformen

	Contracting	Gewerke	Überlassung	Vermittlung
Gesetzliche Grundlage	BGB §§ 611 ff	BGB §§ 631 ff	Arbeitnehmerüberlassungsgesetz	BGB: AGB §§305 ff, Maklerrecht §§ 652 ff, Dienstverträge §§ 611 ff
Vorschriften Vertragsgestaltung	frei	frei	Detaillierte Vorschriften	frei
Erlaubniserfordernis der Bundesagentur	nein	nein	ja	nein
Subunternehmerkonstellationen	erlaubt	erlaubt	nein	erlaubt
Integration Arbeitsorganisation Kunde	nein	nein	ja	ja, durch Vermittlung in Festanstellung
Mitbestimmungsrechte des Kunden-Betriebsrats	Nur Beratung und Unterrichtung (§§ 80, 92 BetrVG)	Nur Beratung und Unterrichtung (§§ 80, 92 BetrVG)	Sehr hoch, AÜG und BetrVG	Einschaltung Dienstleister frei

Zahlungen, oft jeweils 1/3 bei Auftragserteilung, Vorlage geeigneter Kandidaten und final bei der Vertragsunterzeichnung des Kandidaten, kommen **Dienstverträge** zum Einsatz.

Im **Contracting/Interim Management** und im Umfeld von Managed Services in der IT findet der **Dienstvertrag** nach §§ 611 f BGB (BMJV 2020) Anwendung:

„(1) Durch den Dienstvertrag wird derjenige, welcher Dienste zusagt, zur Leistung der versprochenen Dienste, der andere Teil zur Gewährung der vereinbarten Vergütung verpflichtet."

Der Auftragnehmer verpflichtet sich zur Erbringung der Arbeitsleistung, meist auf Stunden- oder Tagesbasis. Im Gegensatz zum Werkvertrag verpflichtet sich der Auftragnehmer also nicht zur Herstellung einer bestimmten Sache, sondern lediglich zur Erbringung der Arbeitsleistung an sich.

Dies ist auch der wesentliche Unterschied zu **Werkverträgen**, bei welchen der Erfolg im Sinne der Herstellung eines Werkes mit vorab definierten Abnahmekriterien nach §§ 633 ff BGB (BMJV 2020) geschuldet wird:

„(1) Durch den Werkvertrag wird der Unternehmer zur Herstellung des versprochenen Werkes, der Besteller zur Entrichtung der vereinbarten Vergütung verpflichtet."

Die Vergütung erfolgt in der Regel nach vom Auftraggeber abgenommen Projektabschnitten oder nach Abnahme des fertigen Werkes.

1.3 Märkte

Personaldienstleister sind Teil des Arbeitsmarktes, somit des Erwerbsmarktes, und von Änderungen sowohl kurz- als auch langfristig nachhaltig betroffen! Einige Fakten über den Erwerbsmarkt in der Corona Pandemie in Deutschland vom Juli 2020: Deutschland hatte rund 44,6 Mio. Erwerbstätige, circa 33,3 Mio. waren sozialversicherungspflichtig beschäftigt. Die Arbeitslosenquote belief sich auf 6,3 %, der Corona-Effekt wurde auf 1,4 Prozentpunkte geschätzt. 4,02 Mio. der Erwerbstätigen waren in Selbstständigkeit (Bundesministerium für Arbeit und Soziales 2017, S. 4 f).

Im dritten Quartal 2019 dagegen sah der Erwerbsmarkt wie folgt aus:

- 45,4 Mio. Erwerbstätige
- 4,8 % Arbeitslosenquote
- circa 4,1 Mio. selbstständig, rund die Hälfte davon Solo-Selbständig
- circa 1/3 der Selbstständigen üben freie Berufe aus

Diese Zahlen sollten sicherlich eher als Richtwert und als Basis für eine Zeit gelten, in der die Pandemie Covid19 „im Griff ist".

Aufgrund der Industriezyklen bieten die Märkte der Personaldienstleistungen in Deutschland im Vergleich zu anderen Ländern enorme Wachstumspotentiale. In Ländern wie USA, Großbritannien, Frankreich, Niederlanden oder der Schweiz sind der Anteil der

Wirtschaftsleistung und die relative Zahl der Personaldienstleister zur Anzahl der Erwerbsbevölkerung sehr viel höher. Der Markt in Deutschland hat sich in den letzten Jahren im Sinne von Digitalisierung oder neueren Leistungsbausteinen wie Gewerken bereits gewandelt. Viele Gründe sprechen für eine zunehmende Bedeutung der Personaldienstleistung in der Zukunft. Selbstverständlich ist dies auch von den politischen Gegebenheiten abhängig. Gründe für die Prognose werden im Folgenden kurz angesprochen.

In einigen Bereichen herrscht akuter **Fachkräftemangel**. In vielen Jobrollen, Regionen oder Branchen ist es schwer, geeignete Mitarbeiter zu finden. Personaldienstleister können das Finden von gesuchten Skills professionell betreiben und hohe Investitionskosten wie Messestände, Stellenanzeigen, Werbung in spezifischen Jobportalen etc. über eine Vielzahl von Nachfragern egalisieren. Für einzelne Mittelständler sind Messen, gezieltes Active Sourcing oder teure IT-Systemlandschaften für HR Recruiting schlichtweg unrentabel und die Beauftragung von Dienstleistern finanziell sinnvoller. Häufig fehlt es auch an internem Know-how beim Kunden.

Auch mit **sinkender Zahl der Erwerbsbevölkerung** wird der Fachkräftemangel nicht geringer. „Zwar steigt die Bevölkerungszahl nach aktuellen Prognosen in den nächsten Jahren, die Zahl der Erwerbstätigen sinkt jedoch ab 2021 wieder stetig. Laut Prognosen werden im Jahr 2050 insgesamt 74 % der deutschen Bevölkerung „inaktiv" (nicht erwerbstätig) sein." (Weller et al. 2020, S. 4) Bereits bis zum Jahr 2030 sinkt die Zahl der in Deutschland lebenden Personen im Alter zwischen 15 und 64 Jahren demografisch bedingt um circa 8 Prozent auf 49,7 Mio. (Hoch and Ehrentraut 2020, S. 2 f). Eine Verschärfung der Situation in Mangelberufen wird die Folge sein.

Der **demografische Wandel**, der **Wertewandel der Generationen** und der **Stellenwert der Arbeit** verlangt vielen Firmen einiges an Zugeständnissen ab. Die Vorbereitungen auf künftige Anforderungen sind in vielen Unternehmen allerdings häufig rudimentär. Unterschiedliche Generationen haben verschiedene Statussymbole, Wertvorstellungen, Kommunikationskanäle und Interesse an unterschiedlichen Benefits. Als Beispiel seien viele insbesondere gut ausgebildete Ruheständler genannt, welche ihre Arbeitskraft, oft in Selbstständigkeit, weiter zur

Verfügung stellen wollen. Der Markt reagiert beispielsweise durch „"Die Silberfüchse", eine Jobvermittlung für Rentner. … Senior Experten sind vorwiegend Ingenieure, die ihr Fachwissen als selbstständige Berater in zeitlich befristeten Projekten an Unternehmen weitergeben. … In Offenbach wurde eigens ein Jobcenter gegründet, in Lüneburg vermittelt die IHL rüstige Rentner … Außerdem gibt es zahlreiche Online-Plattformen, etwa das österreichische Start-Up „WisR", die Schweizer Plattform „Rent a Rentner", … die „Automotive Senior Experts" (ASE) oder das größte deutsche Netzwerk „Senior Expert Service" (SES), in dem mehr als 12.000 Fach-und Führungskräfte im Ruhestand registriert sind." (Wandel der Arbeit 2020, S. 59)

Teile einer gut ausgebildeten jungen Generation, häufig bestens qualifiziert und ein Erbe in Aussicht, haben andere Werte und Anforderungen als „die Alten" an Arbeitgeber. Beispielhaft genannt werden können New Work oder Corporate Social Responsibility (CSR). **Flexible Arbeitsorganisationen** sind ihnen wichtig und häufigere Jobwechsel werden die Regel sein. Auch aufgrund ihrer in Teilen finanziellen Unabhängigkeit werden viele den Weg der Selbständigkeit wählen. Der **Anteil der Selbständigen an der Erwerbsbevölkerung** wird **steigen**. Dies wird das Plattformwesen, die Vertragsformen Contracting und Werksleistungen aufseiten der Personaldienstleister wachsen lassen. Aufseiten der Unternehmen wird die **Notwendigkeit atmender Organisationen** wichtiger werden und **agiles Arbeiten** an Bedeutung gewinnen. Bei immer schwieriger werdenden Prognosen für die Zukunft werden Personaldienstleister eine Antwort auf die **Flexibilisierung der Arbeit** sein.

Der **technologische Wandel** wird immer schneller von statten gehen. Nicht nur aus diesem Grund erleben wir heute **zunehmend Organisationsformen, welche auf Projekten oder Agilität aufbauen.** Die klassische Linien- oder Matrixorganisation wird ergänzt oder verdrängt. Schnellere technologische Zyklen verlangen eine zunehmende Spezialisierung der Mitarbeiter, welche selbstverständlich auch unternehmensintern ausgebildet werden können. Zu großen Teilen wird eine weitere Verlagerung auf Dienstleister, im Sinne von Projekten oder der (Fremd-)Rekrutierung neuer Mitarbeiter, stattfinden.

Digitalisierung und fortwährend schnellere technologische Zyklen verlangen nach zunehmender Spezialisierung der Experten. Die **Halbwertszeit des Wissens** sinkt weiter. Sich noch schneller wandelnde Jobrollen sind eine Folge, neue werden entstehen.

Viele Gründe sprechen für eine zunehmende Notwendigkeit der Flexibilisierung der Wirtschaft – und somit auch für Potenziale für Personaldienstleistungen. Selbstverständlich werden hierbei nicht alle Segmente Gewinner sein. Corona hatte der Personaldienstleistung kurzfristig deutliche Dämpfer verpasst. Allerdings bieten die Folgen wie schnellere Digitalisierung oder die Rückholung der Wertschöpfung nach Europa große Potentiale für die Branche. Die Branche ist bekannt dafür, sich nach einem Schock schneller als andere Märkte zu erholen. In Krisenzeiten „fahren Unternehmenslenker auf Sicht", wichtig werden somit insbesondere Flexibilität und eine atmende Organisation. Personaldienstleistungen sind ein Baustein davon.

Die weltweiten Zahlen für die Branche der Personaldienstleistungen sind wenig transparent und können nur geschätzt werden. Als regional umsatzstärkster Markt gilt mit weitem Abstand die USA, gefolgt von Japan und Großbritannien. Je nach Vertragsart wird der prozentuale Anteil von Deutschland am Weltmarkt meist zwischen 3–7 % geschätzt. **Manche Experten bezeichnen den Markt in Deutschland als den weltweit interessantesten Markt mit enormen Wachstumspotentialen.**

Die Märkte im Contracting und insbesondere in der Arbeitnehmerüberlassung gelten als **Frühindikator** für die Zyklen der Makroökonomie in Deutschland. Beispielsweise haben sich in Zeiten eines wirtschaftlichen Abschwungs zuerst die Zahlen der Zeitarbeitnehmer bereits Monate zuvor nach unten orientiert. Sie waren die ersten Mitarbeiter in den Betrieben, welche nicht nachrekrutiert und/oder abgebaut wurden. „In Zeiten eines beginnenden konjunkturellen Aufschwungs steigt – neben beispielsweise dem Aufbau von Überstunden – die Nutzung von Leiharbeit zunächst an. … In einer Abschwungphase ist die Arbeitnehmerüberlassung hingegen der Sektor, in dem frühzeitig die Folgen der wirtschaftlichen Eintrübung sichtbar werden. Vor der Entlassung der Stammbelegschaft wird in Unternehmen – neben beispielsweise Anpassungen der Arbeitszeit über Reduktion der

Überstunden oder durch Kurzarbeit – in der Regel die Inanspruchnahme von Zeitarbeit reduziert." (Statistik der Bundesagentur für Arbeit 2020, S. 20) So hatte in der Krise 2009 die Arbeitnehmerüberlassung rund ein Fünftel ihrer Umsätze eingebüßt, konnte im folgenden Jahr jedoch Zuwächse von nahezu 40 % erreichen. Die Zeitarbeitnehmer waren die ersten, welche wieder angefragt wurden. Bei einer Verfestigung des Aufschwungs folgten dann Direktanstellungen, häufig supportet durch Personalvermittlung oder Übernahme des Zeitarbeitnehmers in ein direktes Arbeitsverhältnis beim Kunden. Anbieter von Werkverträgen, insbesondere bei Gewerken mit relativ kurzem Zeitfenster, sind ebenfalls Frühindikator für die Wirtschaft.

Die Größe der Teilmärkte der Personaldienstleistungen ist unzureichend erfasst und schwer zu messen. Beispielsweise wird die absolute Zahl der privaten Personalvermittlungen in Deutschland, im Gegensatz zu anderen Ländern, schlicht und einfach nicht erfasst. Weitere Schwierigkeiten bestehen in der Abgrenzung der Märkte zu anderen Dienstleistungen. So dringen beispielsweise klassische Ingenieursdienstleister in den Markt der Personaldienstleistungen ein. Diese wiederum erbringen in der Zwischenzeit aber auch Gewerke im Umfeld des Engineering. Insofern ist die Zurechenbarkeit zum jeweiligen Marktsegment nicht eindeutig.

Die **Bedeutung der Werkverträge** für die Wirtschaft in Deutschland wurde durch das Bundesministerium für Arbeit und Soziales (BMAS) untersucht. Demnach liegen die **Wertschöpfungseffekte bei annähernd 750 Mrd. Euro und haben einen Beschäftigungseffekt von über 11 Mio. Beschäftigten.** Werkverträge sind kein reines Phänomen für Großunternehmen oder einzelne Branchen, sondern für über 90 % der untersuchten Unternehmen eine Art der Flexibilisierung. Rund die Hälfte der Unternehmen ist hierbei sowohl als Anbieter als auch als Nachfrager von Werkverträgen tätig. Weiter sind **Gewerke und Arbeitnehmerüberlassung als Komplementär zu verstehen**, sie verdrängen sich also nicht gegenseitig (Bundesministerium für Arbeit und Soziales 2017, S. 8). Bei Überlegungen, diese Art der Leistungserbringung in das Portfolio mit aufzunehmen, ist es sehr wichtig, mit Kunden vertrauensvoll zusammenzuarbeiten, und insbesondere im Specialist Recruitment die Wichtigkeit von Nachbesetzungen offener Stellen zu beachten. Für Personaldienstleister ist der Schritt zu professionellen Gewerken häufig sehr groß, da dies spezifische Normen, Qualitätsmanagement, IT-Systeme, Rekrutierung etc. nach sich zieht.

Die private Arbeitsvermittlung ist vor circa einem Jahrhundert in den USA entstanden. In Deutschland beobachtet der Bundesverband Deutscher Unternehmensberater (BDU) den Markt und gibt für die **Personalberatung** für 2018 einen **Umsatz von 2,36 Mrd. EUR an, wovon 2 Mrd. auf den Sektor der vermittelnden Tätigkeiten entfallen.** Der Umsatz hat sich von 2009 mit circa 1,1 Mrd. EUR bis 2018 mehr als verdoppelt. Den Markt teilen sich rund 2.000 Beratungsunternehmen, viele davon haben keine angestellten Arbeitnehmer. Circa 15.000 Mitarbeiter, davon rund 7.000 Personalberater, arbeiten in der privaten Arbeitsvermittlung. Nur 50 Unternehmen erreichten mehr als 5 Mio. Euro Jahresumsatz. Die Abrechnung der über 70.000 vermittelten Kandidaten erfolgte mehrheitlich am Jahreszieleinkommen dieser und lag im Schnitt bei 25-30 % (Bundesverband Deutscher Unternehmensberater (BDU) e. V 2019, S. 3 f). Umsatzstarke Anbieter sind unter anderem Egon Zehnder, Hays, Kienbaum, Michael Page oder Perm4.

In Deutschland gibt es über 4 Mio. Selbständige, davon sind über 2 Mio. Solo-Selbständig. Rund 1,4 Mio. arbeiten in freien Berufen. Die Gruppe der Selbständigen ist sehr heterogen im Sinne von Qualifikation oder Einkommen. Für Personaldienstleister sind circa **400.000 inländische Freelancer** interessant, über ¼ davon sind im Umfeld der IT tätig. Das Marktvolumen für IT-Freelancer liegt bei über 10 Mrd. Euro. Hochgerechnet auf die für Personaldienstleister auf alle Jobrollen interessanten Freelancer wie Spezialisten im Umfeld Life Science, Finance oder Engineering liegt das Marktvolumen für Dienstleister bei **35-45 Mrd. EUR**. Die Vertragsform **des Contracting über Dienstverträge** ist somit ein großer und interessanter Markt für Personaldienstleister. Eintrittsbarrieren im Sinne von Zulassung durch die Bundesagentur für Arbeit sind wie auch in der Personalberatung nicht vorhanden. Marktführer in Deutschland sind internationale Anbieter wie Hays, die Randstad-Tochter Gulp und SThree (Lünendonk and Hossenfelder GmbH 2020, S. 1 f). Aber auch mittelständische deutsche

Firmen wie Allgeier, Etengo oder Krongaard sind aus dem Markt der Freelance-Vermittler nicht mehr wegzudenken.

Viele **Interim Manager** arbeiten auf selbständiger Basis. Sie agieren auftragsbezogen, in der Regel in der ersten oder zweiten Führungsebene, und übernehmen unternehmerische Verantwortung. Häufig sind Interim Manager über Provider im Einsatz. Diese Provider sind oft Personaldienstleistungsunternehmen. In Deutschland waren 2019 rund 13.500 Interim Manager tätig. Das Marktvolumen betrug circa 2,3 Mrd. EUR (Becker et al. 2020, S. 54 f).

In Deutschland sind **Arbeitnehmerüberlassungen** im Vergleich zu den anderen Vertragsarten der am besten erschlossenste Markt. Regelmäßige Zahlen veröffentlichen die Bundesagentur für Arbeit sowie das auf Marktexpertisen spezialisierte Unternehmen Lünendonk & Hossenfelder GmbH. Der Zugang ist durch eine notwendige Erlaubnis zur gewerbsmäßigen Ausübung der Arbeitnehmerüberlassung reglementiert. Die heutige Form ist im Wirtschaftsaufschwung nach dem Zweiten Weltkrieg entstanden, hat sich lange Zeit in der Nische aufgehalten und ist seit den 90er Jahren, mit zyklischen Schwankungen, in Summe enorm gewachsen. Der Höchststand mit 1,08 Mio. Leiharbeitnehmern war Ende 2017. Konjunkturelle Eintrübung und die Reform des Gesetzes aus 2017 haben die Zahl auf **895.000 Leiharbeitnehmer im Jahresschnitt 2019** gedrückt. Im Dezember 2019 waren 836.000 Zeitarbeitnehmer im Einsatz. **Der Anteil an der Gesamtbeschäftigung lag bei 2,3 %.** Die Genehmigung zur Arbeitnehmerüberlassung haben rund 50.000 Betriebe. Davon haben 11.000 Betriebe bzw. knapp 8.000 Unternehmen ihren Schwerpunkt in der Arbeitnehmerüberlassung (Statistik der Bundesagentur für Arbeit 2020, S. 6). Umsatzstärkste Anbieter sind Randstad, Adecco und Manpower. Das **Marktvolumen** in Deutschland belief sich 2019 auf rund **31 Mrd. EUR**. Die Statistiken der Bundesagentur für Arbeit lassen den Markt sehr gut beispielsweise nach Tätigkeit, Branche oder Region segmentieren.

Märkte wandeln sich und eröffnen immer wieder neue Chancen. Aber: man sollte nicht blauäugig neue Geschäftsfelder eröffnen, sondern sich vorab genau mit dem möglichen Zielmarkt beschäftigen. Wichtig ist, zuerst grundsätzliche Fragen und Ziele anhand einer Marktanalyse zu klären. Dies ist durch Zahlenrecherchen, Studien, Befragungen oder Experteninterviews etc. möglich. Ein Abgleich auf die Fähigkeiten des eigenen Unternehmens ist sehr wichtig. Und vor allem die Fragen: wie schätzt der Kunde mein Unternehmen ein, welche Anforderungen hat dieser und welche Konkurrenten erbringen welche Leistungen. **Speziell im Segment der Personaldienstleistungen muss aber nicht nur der Kunde beachtet werden, sondern auch die Erschließung der Marktzugänge in der Rekrutierung.** Dies kann häufiger als der Kunde der Hemmschuh sein, da es in einzelnen Teilmärkten schlicht kaum Kandidaten gibt. Insbesondere auf Kandidatenseite ist auch ein Blick in die Zukunft wichtig, beispielsweise wie spezifische Jobrollen künftig gefragt sein werden. Auch auf welchem Wege die Kandidaten erreichbar und wie deren Vermittlungschancen bei potenziellen Kunden, insbesondere auch vor dem Hintergrund regionaler Aspekte, sind. Eine fundierte Analyse ist nicht unbedingt einfach und kostet Zeit. Viel kostspieliger wäre jedoch ein erfolgloser Markteintritt!

Ihr Transfer in die Praxis:
- Machen Sie sich mit den Leistungsoptionen vertraut
- Verinnerlichen Sie die rechtlichen Grundlagen und wichtigsten Begrifflichkeiten
- Erarbeiten Sie interessante Märke für Ihr Umfeld
- Achten Sie dabei besonders auf für Sie interessante Teilmärkte
- Ziehen Sie realistische Schlussfolgerungen

Literatur

Becker J, Schönfeld H, Singer G (2020) Karriere-Handbuch für Interim Manager – Erfolg als Freelancer im Management, Norderstedt

BMJV (2020) Bundesministerium der Justiz und für Verbraucherschutz: Gesetze im Internet. https://www.gesetze-im-internet.de/. Zugegriffen: 30. Okt. 2020

Bundesministerium für Arbeit und Soziales (2017) FORSCHUNGSBERICHT 496, Verbreitung, Nutzung und mögliche Probleme von Werkverträgen – Qualitative Betriebsfallstudien, Berlin

Bundesverband Deutscher Unternehmensberater (BDU) e. V. (2019) Branchenstudie „Personalberatung in Deutschland 2019", Mai 2019

Hoch M, Ehrentraut O (2020) Corona und der Arbeitsmarkt - Wie wirkt sich die Corona-Krise auf Arbeitsangebot und Arbeitsnachfrage aus? München

Lünendonk & Hossenfelder GmbH (2020) Führende Anbieter für Rekrutierung, Vermittlung und Steuerung von IT-Freelancern in Deutschland, Mindelheim

Statistik der Bundesagentur für Arbeit (2020) Berichte: Blickpunkt Arbeitsmarkt – Entwicklungen der Zeitarbeit, Nürnberg. Juli 2020

Wandel der Arbeit (18./19. Juli 2020). Süddeutsche Zeitung Nr 164, S 59

Weller K, Kirchner J, Fedossov A (2020) Arbeitsmarkt-Studie, Hamburg

2

Vertragsarten und Compliant Sourcing

Was Sie aus dem Kapitel mitnehmen:

- Was die Besonderheiten der Vertragsarten sind
- Welche Optionen der Portfolioerweiterung bestehen könnten
- Welche Bedeutung das Thema Scheinselbständigkeit einnimmt
- Warum der rechtskonforme Einsatz wichtig ist
- Wie Sie rechtssicher agieren können

2.1 Arbeitnehmerüberlassung

Grundsätzliches

Die Arbeitnehmerüberlassung ist für Kunden wichtig! Angefangen mit Flexibilisierung, Auslagerung von Tätigkeiten, aber auch als „verlängerter Rekrutierungsarm" bis hin zur Erweiterung des Know-hows durch Spezialisten. Makroökonomisch leistet die Arbeitnehmerüberlassung einen wesentlichen Beitrag für die Integration Arbeitsuchender in den Arbeitsmarkt oder auch für den Berufsstart von Flüchtlingen in Deutschland. Leider hat die Arbeitnehmerüberlassung in Deutschland in Teilen der Bevölkerung oder Politik einen schlechten Ruf. Und dies, obwohl die Arbeitnehmerüberlassung zu den meist regulierten Branchen gehört.

In anderen Ländern dagegen ist Zeitarbeit häufig positiv besetzt und Personaldienstleister gelten als interessante Arbeitgeber. Die Gesetze sind international sehr unterschiedlich und kaum vergleichbar. Sollte ein Personaldienstleister die internationale Ausdehnung in Form von Filialen planen, so ist die intensive Befassung mit lokalen Gesetzen Grundvoraussetzung.

Die Arbeitnehmerüberlassung ist durch ein **Dreiecksverhältnis zwischen Zeitarbeitnehmer, Personaldienstleister (Verleiher) und dessen Kunden (Entleiher) gekennzeichnet.** Der Zeitarbeitnehmer ist beim Personaldienstleister fest angestellt. Durch die Festanstellung ergeben sich die normalen Rechte eines Arbeitnehmers wie Sozialversicherungen, bezahlter Urlaub, Lohnfortzahlungen im Krankheitsfall, Kündigungsschutz etc. Während des Einsatzes geht das fachliche Weisungsrecht auf den Kunden über, welcher den Zeitarbeitnehmer in seinem Betrieb integriert. Das disziplinarische Weisungsrecht verbleibt beim Personaldienstleister. Der Kunde bezahlt den Personaldienstleister. Der Zeitarbeitnehmer erhält den Lohn jedoch unabhängig vom Zahlungszeitpunkt des Kunden, welche zu einem wesentlich späteren Zeitpunkt erfolgen kann.

Die letzte entscheidende Reform basiert auf dem Koalitionsvertrag von 2013 und ist seit April 2017 gültig. Die Koalition wollte die Arbeitnehmerüberlassung „auf ihre Kernfunktionen hin orientieren" und die statistische Berichterstattung bedarfsgerecht fortentwickeln. Weiter wurde den europäischen Richtlinien 2008/104/EG für Arbeitnehmerüberlassung entsprochen. Die Strafen bei Verstößen sehen bereits für viele Fälle eine konkrete oder maximale Höhe vor. Wichtig: diese Höhe bezieht sich jeweils auf den Einzelfall und summiert sich über mehrere einzelne Verstöße. Der gleiche Fehler bei mehreren Leiharbeitnehmern summiert sich also über die Zahl der Fälle – und dies führt flott zu existenzgefährdenden Beträgen!

Arbeitnehmerüberlassungsgesetz
Das Arbeitnehmerüberlassungsgesetz ist sehr umfassend und in vielen Regelungen äußerst ausführlich formuliert. Das Gesetz wird ergänzt um die **fachlichen Weisungen der Bundesagentur für Arbeit** (Bundesagentur für Arbeit 2019). Diese ergänzen, erläutern und stellen das Gesetz klar. Sie werden von Zeit zu Zeit aktualisiert, auch um der zu diesem Zeitpunkt geltenden Rechtsprechung Folge zu leisten. Die fachlichen Weisungen sind unbedingt zu beachten, da diese bei Prüfungen vonseiten des Amtes besonderes in den Mittelpunkt gestellt werden.

Diese **Prüfungen der Bundesagentur für Arbeit** werden durch deren Regionaldirektionen durchgeführt. Geprüft werden insbesondere die Betriebsorganisation und in der Regel vorab zur Verfügung gestellte Personalakten, beispielsweise auf Höchstüberlassungsdauer, Beschäftigung von Ausländern oder Umsetzung der Tarifverträge.

Die Umsetzung des Wortlauts des Arbeitnehmerüberlassungsgesetzes ist wichtig und liefert bereits relevanten Content, weshalb in diesem Kapitel häufig wörtlich aus dem Gesetz zitiert wird.

Wir werden uns jetzt anhand wesentlicher Paragrafen durch das Gesetz arbeiten und es um Erläuterungen ergänzen. Somit erfassen wir strukturiert diese Form der Arbeit. Der erste Absatz von Paragraf eins (Arbeitnehmerüberlassung, Erlaubnispflicht) definiert bereits viel. Der erste Satz davon lautet: „Arbeitgeber, die als Verleiher Dritten (Entleihern) Arbeitnehmer (Leiharbeitnehmer) im Rahmen ihrer wirtschaftlichen Tätigkeit zur Arbeitsleistung überlassen (Arbeitnehmerüberlassung) wollen, bedürfen der Erlaubnis." (Bundesministerium der Justiz und für Verbraucherschutz 2020) Die sogenannte **Erlaubnispflicht** wird auf Basis eines mehrseitigen Dokuments von der Bundesagentur für Arbeit gebührenpflichtig erteilt, ist an die Geschäftsführenden gebunden und erfordert Liquiditätsreserven von 2000 EUR pro Zeitarbeitnehmer. Die Erlaubnis ist auf ein Jahr befristet, kann verlängert und nach drei Jahren entfristet werden.

Die **Legaldefinition** des **Zeitarbeitnehmer**s wird durch Satz zwei deutlich: „Arbeitnehmer werden zur Arbeitsleistung überlassen, wenn sie in die Arbeitsorganisation des Entleihers eingegliedert sind und seinen Weisungen unterliegen." Mit der Reform wurde auch die grundsätzliche Arbeitnehmereigenschaft erstmals im § 611 a BGB definiert (siehe Abschn. 2.1). Zeitarbeitnehmer sind somit **in den Betrieb des Kunden integriert und dieser hat auch das Weisungsrecht im Einsatzzeitraum auf fachlicher Ebene.** Das disziplinarische Weisungsrecht verbleibt beim Personaldienstleister.

Das **Verbot des Kettenverleihs** regelt indirekt Satz drei (Bundesministerium der Justiz und für Verbraucherschutz 2020): „Die Überlassung und das Tätigwerden lassen von Arbeitnehmern als Leiharbeitnehmer ist nur zulässig, soweit zwischen dem Verleiher und dem Leiharbeitnehmer ein Arbeitsverhältnis besteht." Der Zeitarbeitnehmer darf nur vom Personaldienstleister, also seinem Arbeitgeber, dem Kunden überlassen werden. Der Kunde darf den Zeitarbeitnehmer nicht wiederum an ein anderes Unternehmen verleihen. Bußgelder sind sowohl für den Personaldienstleister als auch für den Kunden auf 30.000 EUR im Einzelfall beschränkt (§ 16 Abs. 1 Nr. 1b und Abs. 2. AÜG).

Der Sachverhalt der **Höchstüberlassungsdauer** ist in der täglichen Praxis der Personaldienstleister oft mit großem Verwaltungsaufwand verbunden und hat seine Basis in § 1 Abs. 1 S. 4 (Bundesministerium der Justiz und für Verbraucherschutz 2020): „Die Überlassung von Arbeitnehmern ist vorübergehend bis zu einer Überlassungshöchstdauer nach Absatz 1b zulässig". Dieser Paragraph besagt (Bundesministerium der Justiz und für Verbraucherschutz 2020): „Der Verleiher darf denselben Leiharbeitnehmer nicht länger als 18 aufeinander folgende Monate demselben Entleiher überlassen; der Entleiher darf denselben Leiharbeitnehmer nicht länger als 18 aufeinander folgende Monate tätig werden lassen. Der Zeitraum vorheriger Überlassungen durch denselben oder einen anderen Verleiher an denselben Entleiher ist vollständig anzurechnen, wenn zwischen den Einsätzen jeweils nicht mehr als drei Monate liegen. In einem Tarifvertrag von Tarifvertragsparteien der Einsatzbranche kann eine von Satz 1 abweichende Überlassungshöchstdauer festgelegt werden. Im Geltungsbereich eines Tarifvertrages nach Satz 3 können abweichende tarifvertragliche Regelungen im Betrieb eines nicht tarifgebundenen Entleihers durch Betriebs- oder Dienstvereinbarung übernommen werden. In einer aufgrund eines Tarifvertrages von Tarifvertragsparteien der Einsatzbranche getroffenen Betriebs- oder Dienstvereinbarung kann eine von Satz 1 abweichende Überlassungshöchstdauer festgelegt werden. Können aufgrund eines Tarifvertrages nach Satz 5 abweichende Regelungen in einer Betriebs- oder Dienstvereinbarung getroffen werden, kann auch in Betrieben eines nicht tarifgebundenen Entleihers bis zu einer Überlassungshöchstdauer von 24 Monaten davon Gebrauch gemacht werden, soweit nicht durch diesen Tarifvertrag eine von Satz 1 abweichende Überlassungshöchstdauer für Betriebs- oder Dienstvereinbarungen festgelegt ist. Unterfällt der Betrieb des nicht tarifgebundenen Entleihers bei Abschluss einer Betriebs- oder Dienstvereinbarung nach Satz 4 oder Satz 6 den Geltungsbereichen mehrerer Tarifverträge, ist auf den für die Branche des Entleihers repräsentativen Tarifvertrag abzustellen. Die Kirchen und die öffentlich-rechtlichen Religionsgesellschaften können von Satz 1 abweichende Überlassungshöchstdauern in ihren Regelungen vorsehen."

Die Höchstüberlassungsdauer ist also **grundsätzlich 18 Monate** und auf den **Zeitarbeitnehmer bezogen**. Dies bedeutet im Umkehrschluss, dass nicht der Arbeitsplatz beim Kunden als Basis der Berechnung dient. Der Kunde kann also auf den Arbeitsplatz/die Stelle hintereinander mehrere verschiedene Zeitarbeitnehmer einsetzen. Sollte derselbe Arbeitnehmer **drei Monate nicht bei dem Kunden im Einsatz** sein und zurückkehren, **dann beginnt der Zeitraum neu zu laufen.** Das **Personaldienstleistungsunternehmen** ist in der **Dokumentationspflicht**. Unerheblich ist dabei, ob der Zeitarbeitnehmer full- oder parttime auf der Stelle arbeitet, es erfolgt hierbei keine anteilige Berechnung. Startet der Zeitarbeitnehmer beispielsweise am 05.04.2021, so ist der Einsatz dann bis 04.10.2022 legal. Es spielt keine Rolle, ob der Einsatz nur 2 Tage pro Woche war, dies verlängert also den Zeitraum nicht.

Allerdings gibt es mehrere Möglichkeiten, von der **Höchstüberlassungsdauer nach unten wie auch oben abweichen** zu dürfen. Dies ist stark von **Personal-/Betriebsrat und Tarifbindung** des Entleihers abhängig. Maßgeblich für diese Vereinbarungen sind nicht die Tarifverträge der Branche der Arbeitnehmerüberlassung, sondern die **der Kunden!** Dies ist in den Sätzen 3–7 (Bundesagentur für Arbeit 2019, S. 27) ausführlich beschrieben. Zusammengefasst bedeutet dies:

- Ohne tarifliche Öffnungsklausel keine Abweichung von der Höchstüberlassungsdauer; besteht diese tarifliche Öffnungsklausel, aber existiert beim Kunden kein Betriebs-/Personalrat, dann ist diese Abweichung ebenfalls nicht möglich
- Ist beides gegeben, aber keine Regelung für die Höchstüberlassungsdauer getroffen, so stellt sich als nächste Frage die der Tarifbindung. Ist diese:
  - Nicht gegeben, so darf maximal auf 24 Monate verlängert werden
  - Gegeben, dann besteht eine freie Regelung bezüglich der Höchstüberlassungsdauer
- Ist beides gegeben und eine Vorgabe bezüglich der Höchstüberlassungsdauer enthalten, so gilt diese, egal ob das Unternehmen tarifgebunden ist oder nicht.

Längere Höchstüberlassungsdauern über die 18 Monate hinaus sind Teil von über 100 Tarifverträgen wie beispielsweise Metall, Versicherung, Verkehr oder Chemie. Strafen für die Überschreitung der Höchstüberlassungsdauer sind mit einer Geldbuße von bis zu 30.000,- EUR gegen den Personaldienstleister festgelegt. Weiter besteht die Gefahr, dass die Erlaubnis zur Arbeitnehmerüberlassung entzogen wird. Eine Überschreitung kann auch zur Fiktion des Arbeitsverhältnisses auf den Kunden führen. Dies bedeutet, dass der Kunde Arbeitgeber wird. Das Arbeitsverhältnis geht auf den Kunden über.

Durch die **Offenlegungs- und Kennzeichnungspflicht** nach § 1 Abs. 1 S. 5 und 6 soll unerlaubte Arbeitnehmerüberlassung verhindert werden: „Verleiher und Entleiher haben die Überlassung von Leiharbeitnehmern in ihrem Vertrag **ausdrücklich als Arbeitnehmerüberlassung zu bezeichnen, bevor sie den Leiharbeitnehmer überlassen oder tätig werden lassen.** Vor der Überlassung haben sie die Person des Leiharbeitnehmers unter Bezugnahme auf diesen Vertrag zu konkretisieren." (Bundesministerium der Justiz und für Verbraucherschutz 2020) Der Vertrag zwischen Dienstleister und Kunde muss **schriftlich geschlossen (§ 12 AÜG)** und wechselseitig unterschrieben werden. Ergänzt wird die Offenlegungspflicht durch § 11 Abs. 2 S. 4, wodurch das Dienstleistungsunternehmen den **Zeitarbeitnehmer** vor Start jeder einzelnen Überlassung darüber aufzuklären hat, dass dieser als Zeitarbeitnehmer beim Kunden tätig werden wird. Am einfachsten kann dies schriftlich als Teil der Einsatzmitteilung erfolgen. Weiter ist der Personaldienstleister verpflichtet, dem Leiharbeitnehmer „bei Vertragsschluss ein Merkblatt der Erlaubnisbehörde über den wesentlichen Inhalt dieses Gesetzes auszuhändigen. Nichtdeutsche Leiharbeitnehmer erhalten das Merkblatt und den Nachweis … auf Verlangen in ihrer Muttersprache" (AÜG § 11 Abs. 2 S. 1 und 2) (Bundesministerium der Justiz und für Verbraucherschutz 2020). Als weitere **Informationspflicht** muss dem Leiharbeitnehmer die Art und Höhe der Entgeltleistungen auch für Zeiten dargelegt werden, in den dieser nicht verliehen ist.

„Vor der Überlassung haben sie die Person des Leiharbeitnehmers unter Bezugnahme auf diesen Vertrag zu konkretisieren", so lautet die **Konkretisierungspflicht** nach § 1 Abs. 1 S. 6 (Bundesministerium der Justiz und für Verbraucherschutz: Gesetze im Internet. https://www.gesetze-im-internet.de/. Zugegriffen: 30. Okt. 2020). Der Name des Zeitarbeitnehmers muss also mit dieser spezifischen kundenindividuellen Arbeitnehmerüberlassung in Verbindung gebracht werden können. Diese sollte aufgrund der **Nachweispflicht** (§ 7 Abs. 2 AÜG) schriftlich, beispielsweise im Rahmen-, Einzelvertrag oder per Mail erbracht und dokumentiert werden. Bei Verstoß drohen wiederum jeweils 30.000 EUR für beide Seiten. Eine Fiktion des Arbeitsverhältnisses ist möglich.

In § 1 Abs.3 AÜG (Bundesministerium der Justiz und für Verbraucherschutz 2020) ist geregelt, in welchen Konstellationen das Arbeitnehmerüberlassungsgesetz grundsätzlich **keine Anwendung** findet: „…

1. zwischen Arbeitgebern **desselben Wirtschaftszweiges zur Vermeidung von Kurzarbeit oder Entlassungen**, wenn ein für den Entleiher und Verleiher geltender Tarifvertrag dies vorsieht,
2. zwischen **Konzernunternehmen** im Sinne des § 18 des Aktiengesetzes, wenn der Arbeitnehmer nicht zum Zweck der Überlassung eingestellt und beschäftigt wird,

2a. zwischen Arbeitgebern, wenn die Überlassung **nur gelegentlich** erfolgt **und der Arbeitnehmer nicht zum Zweck der Überlassung eingestellt** und beschäftigt wird,

2b. zwischen Arbeitgebern, wenn **Aufgaben** eines Arbeitnehmers **von dem bisherigen zu dem anderen Arbeitgeber verlagert werden und** aufgrund eines **Tarifvertrages des öffentlichen Dienstes**

    a) das Arbeitsverhältnis mit dem bisherigen Arbeitgeber weiter besteht und

    b) die Arbeitsleistung zukünftig bei dem anderen Arbeitgeber erbracht wird,

2c. zwischen **Arbeitgebern**, wenn diese **juristische Personen des öffentlichen Rechts** sind **und Tarifverträge des öffentlichen Dienstes oder Regelungen der öffentlich-rechtlichen Religionsgesellschaften anwenden**, oder

3. in das Ausland, wenn der Leiharbeitnehmer in ein auf der Grundlage zwischenstaatlicher Vereinbarungen begründetes **deutsch-ausländisches Gemeinschaftsunternehmen** verliehen wird, an dem der **Verleiher beteiligt** ist."

Verboten ist die Arbeitnehmerüberlassung, jeweils mit Einschränkungen, im Bauhauptgewerbe sowie im „Kernbereich" der Fleischindustrie (Schlachtung, Zerlegung und Fleischverarbeitung).

In der praktischen Umsetzung ist auch der **Gleichstellungsgrundsatz** im Sinne von **Equal Pay beziehungsweise Equal Treatment** nach § 8 AÜG sehr komplex. Dieser besagt, dass **ab dem ersten Tag des Kundeneinsatzes die gleichen Arbeitsbedingungen gelten**. Mit Gleichstellung ist nicht gemeint, allen Arbeitnehmern des Dienstleisters den gleichen Lohn zu zahlen, sondern zu **Zeiten des Kundeneinsatzes das gleiche Entgelt und sonstige Arbeitsbedingungen eines vergleichbaren Stammarbeiters des Kunden zu gewährleisten**. „Die wesentlichen Arbeitsbedingungen sind insbesondere **Arbeitsentgelt und Arbeitszeit (einschließlich Überstunden, Pausen, Ruhezeiten, Nachtarbeit, Urlaub, arbeitsfreie Tage)**. Das

Arbeitsentgelt im Sinne des AÜG umfasst das, was der Leiharbeitnehmer erhalten hätte, wenn er für die gleiche Tätigkeit beim Entleiher eingestellt worden wäre … Zum Arbeitsentgelt zählt nicht nur das laufende Entgelt, sondern jede Vergütung, die aus Anlass des Arbeitsverhältnisses gewährt wird bzw. aufgrund gesetzlicher Entgeltfortzahlungstatbestände gewährt werden muss … Hierunter fallen insbesondere Urlaubsentgelt, Sonderzahlungen, Zulagen und Zuschläge, Ansprüche auf Entgeltfortzahlung sowie vermögenswirksame Leistungen … Maßgebend sind daher sämtliche auf den Lohnabrechnungen vergleichbarer Stammarbeitnehmer des Entleihers ausgewiesene Bruttovergütungsbestandteile … Werden im Betrieb des Entleihers Sachbezüge gewährt, kann der Verleiher dem Leiharbeitnehmer einen Wertausgleich in Euro zahlen (§ 8 Abs. 1 Satz 3) … Für die Ermittlung der Höhe des Anspruchs auf Equal Pay sind neben der tatsächlichen Tätigkeit des Leiharbeitnehmers weitere Merkmale, wie z. B. die formale Qualifikation, die Kompetenz oder die Berufserfahrung des Leiharbeitnehmers, von Bedeutung, wenn der Entleiher diese auch bei der Ermittlung und Bemessung der Vergütung von Stammarbeitnehmern als vergütungsrelevant berücksichtigen würde" (Bundesagentur für Arbeit 2019, S. 79 f)

Der Wortlaut des Gesetzes ist sehr allumfassend. Kern ist zu Zeiten des Kundeneinsatzes das Entgelt und sonstige Arbeitsbedingungen. Bezüglich des Entgelts ergeben sich folgende Fälle: Der Zeitarbeitnehmer erhält … dann ist der Kunde

- Arbeitsentgelt entsprechend Entgeltgruppe … tarifgebunden und zahlt Tariflohn
- Arbeitsentgelt entsprechend Entgeltgruppe und alle übertariflichen Zulagen … tarifgebunden und zahlt übertariflich
- Arbeitsentgelt in der entsprechenden Lohngruppe … tarifgebunden und zahlt unterhalb Tariflohn
- Arbeitsentgelt, welches ein vergleichbarer Arbeitnehmer des Entleihers bekommen würde … nicht tarifgebunden und es sind mit dem Zeitarbeitnehmer vergleichbare Arbeitnehmer beschäftigt

- Arbeitsentgelt in Höhe des Entgelts eines hypothetischen vergleichbaren Arbeitnehmers ... ohne Beschäftigung eines vergleichbaren Arbeitnehmers

Es wird deutlich, dass die Bestimmungen sehr komplex und somit nicht einfach zu berechnen sind. Sie erfordern eine offene strukturierte Zusammenarbeit mit dem Kunden, da viele Bestandteile wie Altersvorsorge etc. beachtet und monetär umgesetzt werden müssen.

Diese Regelungen gelten grundsätzlich ab dem ersten Tag des Einsatzes beim Kunden. In der Praxis kommen jedoch in den meisten Fällen die **Ausnahmen** zum Tragen. Equal Pay beginnt somit unter den Voraussetzungen nach § 8 Abs. 2 erst zu einem späteren Zeitpunkt. Für die ersten neun Monate darf ein Tarifvertrag abweichen, dann startet Equal Pay erst ab dem zehnten Monat. Eine weitere Ausnahme besteht bei Tarifverträgen mit Branchentarifzuschlägen. Branchen mit Branchentarifzuschlägen sind beispielsweise Chemische Industrie, Metall- und Elektroindustrie, Textil- und Bekleidungsindustrie, Schienenverkehr oder Papier, Pappe, Kunststoff. Hier beginnt Equal Pay erst nach 15 Monaten. Liegen Branchentarifzuschläge vor, so haben Tarifpartner eine Regelung vereinbart, durch die Leiharbeitnehmer Zuschläge auf die Tariflöhne erhalten, wenn sie für einen gewissen Mindestzeitraum ununterbrochen beim selben Kundenunternehmen im Einsatz sind. Der Branchenzuschlag ist ein prozentualer Zuschlag auf seinen grundsätzlich vereinbarten Stundenlohn. Er erfolgt in Stufen abhängig vom Einsatzzeitraum und der Entgeltgruppe. Die stufenweise Annäherung muss spätestens nach sechs Wochen Einarbeitungszeit erfolgen. In der Praxis beginnt **Equal Pay** grundsätzlich **spätestens nach neun Monaten, allerdings bei Anwendung der Branchentarifzuschläge spätestens nach 15 Monaten**. Eine **Nichtbeachtung kann zum Entzug der Erlaubnis führen und Strafen von bis zu 500.000 EUR** nach sich ziehen.

Die Fiktion eines Arbeitsverhältnisses wurde bereits erwähnt. In welchen Fällen kommt es zu dieser Fiktion des Arbeitsverhältnisses? Voraussetzung ist, dass das **Arbeitsverhältnis mit dem Arbeitgeber, dem Personaldienstleistungsunternehmen, ungültig wird und ein Arbeitsverhältnis mit dem Kunde**n kraft Gesetzes nach § 10 Abs. 1

S. 1 entsteht (gesetzliche Fiktion). Die Tätigkeit muss bereits aufgenommen worden sein. Den Eintritt der gesetzlichen Fiktion und somit die Ungültigkeit des Arbeitsverhältnisses mit Personaldienstleistungsunternehmen regelt § 9 AÜG (Bundesministerium der Justiz und für Verbraucherschutz 2020) für drei Fälle:

- Illegale Arbeitnehmerüberlassung: das Unternehmen besitzt keine Erlaubnis für die Arbeitnehmerüberlassung
- Verdeckte Arbeitnehmerüberlassung: Verstöße gegen Offenlegungs- und Konkretisierungspflichten, also auch in Zusammenhang mit Dienst-oder Werkverträgen zu beachten, welche sich in der Umsetzung als Arbeitsverhältnis darstellen
- Überschreitung der Höchstüberlassungsdauer

In den beiden erstgenannten Fällen entsteht mit Beginn der Tätigkeit, bei einer Überschreitung der Höchstüberlassungsdauer erst ab dem Zeitpunkt der Überschreitung der Höchstüberlassungsdauer, das Arbeitsverhältnis zum Kunden. Die gesetzliche Fiktion kann vertraglich nicht ausgeschlossen werden. **Verdeckte Arbeitnehmerüberlassung** kann auch Nachzahlungen von Sozialversicherungsbeiträgen und ein Strafdelikt wegen Vorenthaltens dieser bedeuten. Weiter kann in jedem Einzelfall ein Bußgeld von bis zu 30.000 EUR für den Dienstleister wie auch für den Kunden fällig werden.

Auch aus formaljuristischen Gründen wurde für den **Arbeitnehmer die Möglichkeit geschaffen, bei dem Arbeitnehmerüberlassungsunternehmen, welches der ursprüngliche Arbeitgeber ist, im Arbeitsverhältnis zu verbleiben. Dies nennt man Festhaltenserklärung oder Widerspruchsrecht.** Der Gesetzgeber hat hierfür gewisse Hürden eingebaut, eine rein schriftliche Erklärung, beispielsweise per Brief und Mail an die beteiligten Unternehmen, reicht nicht aus. Der Leiharbeitnehmer muss binnen eines Monats schriftlich erklären, dass er am Arbeitsvertrag mit dem Verleiher festhält. Wirksam wird diese unter den Vorrausetzungen nach § 9 Abs. 2 AÜG (Bundesministerium der Justiz und für Verbraucherschutz 2020):

„(1) der Leiharbeitnehmer diese vor ihrer Abgabe persönlich in einer Agentur für Arbeit vorlegt,

(2) die Agentur für Arbeit die abzugebende Erklärung mit dem Datum des Tages der Vorlage und dem Hinweis versieht, dass sie die Identität des Leiharbeitnehmers festgestellt hat, und

(3) die Erklärung spätestens am dritten Tag nach der Vorlage in der Agentur für Arbeit dem Ver- oder Entleiher zugeht."

§ 9 des AÜG regelt in Abs. 3 die Möglichkeit einer regulären **Übernahme des Leiharbeitnehmers in ein Festanstellungsverhältnis beim Kunden.** Dies wird häufig auch „**Temp to Perm**" oder „**Klebeeffekt**" genannt. Einzelne Personaldienstleister bieten dies auch als extra herausgestellten Baustein des Leistungsportfolios an. Der Leiharbeitnehmer bleibt also beim Kunden „kleben" und wechselt in ein Arbeitsverhältnis bei diesem. Diese Option darf vertraglich nicht ausgeschlossen werden. Rechtens ist allerdings die Vereinbarung einer **angemessenen Vergütung**. In diesem Fall erhält der **Personaldienstleister eine Provision vom Kunden**, meist in den Allgemeinen Vertragsbedingungen geregelt. Über diese Provision und die Berechnung der Höhe einer angemessenen Vergütung gibt es häufiger Diskussionen und gerichtliche Auseinandersetzungen. Es gibt verschiedene Modelle, wie beispielsweise ein

- vorher festgelegter Betrag, eine
- abgestufte Staffelung nach Einsatzdauer, die
- Orientierung am Bruttomonatsgehalt des Arbeitnehmers, ein
- Bezug zum vorigen Verrechnungssatz wie der Stundensatz mal 175, oder
- Kombinationen daraus.

Hier stellt sich die Frage nach der Angemessenheit. Das Bundesarbeitsgericht hat eine Orientierungsmarke von maximal zwei Bruttomonatsgehältern gegeben.

Die statistische Messung des Klebeeffektes von staatlicher Seite erfolgt nicht. Es kann von rund 20–30 % ausgegangen werden, allerdings sehr abhängig von Entgeltgruppe und Konjunkturlage.

In § 11 AÜG sind weitere Vorschriften über das Leiharbeitsverhältnis mit teilweise erheblicher Bedeutung wie beispielsweise Vorschriften über Streik aufgeführt. Dies ist in Absatz 5 wie folgt geregelt (Bundesministerium der Justiz und für Verbraucherschutz 2020): „**Der Ent-**

leiher darf Leiharbeitnehmer nicht tätig werden lassen, wenn sein Betrieb unmittelbar durch einen Arbeitskampf betroffen ist. Satz 1 gilt nicht, wenn der Entleiher sicherstellt, dass Leiharbeitnehmer keine Tätigkeiten übernehmen, die bisher von Arbeitnehmern erledigt wurden, welche sich im Arbeitskampf befinden oder ihrerseits Tätigkeiten von Arbeitnehmern, die sich im Arbeitskampf befinden, übernommen haben. Der Leiharbeitnehmer ist nicht verpflichtet, bei einem Entleiher tätig zu sein, soweit dieser durch einen Arbeitskampf unmittelbar betroffen ist. In den Fällen eines Arbeitskampfes hat der Verleiher den Leiharbeitnehmer auf das Recht, die Arbeitsleistung zu verweigern, hinzuweisen." Also: **kein Einsatz bei Streik mit der Ausnahme für Tätigkeiten, die bisher Arbeitnehmer erledigt haben, welche nicht streiken.** Allerdings kann der Leiharbeitnehmer auch für diesen Fall den Einsatz mit formloser Meldung verweigern und hat trotzdem weiterhin Entgeltanspruch. Sollte der Entleiher, also der Kunde, trotz des Verbots Zeitarbeitnehmer als Streikbrecher einsetzen, drohen **Ordnungsgelder von bis zu 500.000 EUR**.

Weitere Rechte des Leiharbeitnehmers sind in § 13 geregelt. Danach muss der Kunde dem **Leiharbeitnehmer über freie Arbeitsplätze im Unternehmen**, also auch über den Betrieb hinaus, **informieren**. Interne Mitarbeiter müssen darüber gesetzlich nicht informiert werden (außer es existiert ein Betriebsrat), somit haben Leiharbeitnehmer in diesem Falle sogar mehr Rechte als Stammarbeiter. Danach kann der Betriebsrat, mit Ausnahme von leitenden Angestellten, verlangen, dass alle freien Stellen innerbetrieblich ausgeschrieben werden müssen (§ 93 Betriebsverfassungsgesetz).

Ein weiteres Recht für Leiharbeitnehmer ist der Zugang zu Gemeinschaftseinrichtungen. „(1) Der Entleiher ist verpflichtet, den ihm überlassenen Leiharbeitnehmer **Zugang zu den Gemeinschaftseinrichtungen oder –diensten** zu **gewähren**. Der Zugang ist dem Leiharbeitnehmer unter den gleichen Voraussetzungen und in der gleichen Weise zu gewähren wie den vergleichbaren Arbeitnehmern in dem Betrieb, in dem der Leiharbeitnehmer seine Arbeitsleistung erbringt. (2) **Etwas anderes gilt nur, wenn sachliche Gründe eine unterschiedliche Behandlung rechtfertigen.** Ein sachlicher Grund kann z. B. dann vorliegen, wenn der Entleiher gemessen an der individuellen Einsatzdauer einen unverhältnismäßigen Organisations- und Verwaltungsaufwand bei der Gewährung des Zugangs hat. Sofern ein sachlicher Grund vorliegen sollte, hat der Entleiher zu prüfen, ob die Bedingungen für den Zugang so ausgestaltet werden können, dass dem Leiharbeitnehmer der Zugang ermöglicht wird. ... Beispiele für Gemeinschaftseinrichtungen oder –dienste sind Kinderbetreuungseinrichtungen, Gemeinschaftsverpflegung und Beförderungsmittel". (Bundesagentur für Arbeit 2019, S. 101)

Weiter gelten besondere Bestimmungen bezüglich des **Betriebsrats** (§ 14 AÜG, oft in Verbindung mit dem Betriebsverfassungsgesetz (BetrVG)). Hierbei geht es um Bestimmungen hinsichtlich des Betriebsrats bei Kunden, nicht des internen Betriebsrates des Personaldienstleisters. Die führenden und umsatzstarken Personaldienstleister Randstad, Adecco und Manpower haben einen Betriebsrat. Betriebsräte eines Personaldienstleistungsunternehmens sind selbstverständlich mit sämtlichen Rechten und Pflichten wie auch andere Betriebsräte ausgestattet. **Betriebsräte beim Kunden haben grundsätzlich großen Einfluss** hinsichtlich der Verlängerung oder Verkürzung der **Einsatzhöchstdauer auf den Umgang mit Arbeitnehmerüberlassung** direkt aus dem Arbeitnehmerüberlassungsgesetz. Leiharbeitnehmer haben auch während des Einsatzes beim Kunden den Arbeitsvertrag mit dem Personaldienstleister. Trotzdem werden sie bezüglich einiger Kollektivrechte wie interne Mitarbeiter des Kundenbetriebs behandelt.

Grundsätzlich müssen Leiharbeitnehmer über **Gesundheits- und Unfallgefahren sowie zugehörige Arbeitsschutzmaßnahmen** aufgeklärt werden. Betriebliche Angelegenheiten, welche die Person des Leiharbeitsnehmers betreffen, müssen angehört und die Gelegenheit zur **Stellungnahme sowie Vorschlagsrecht** geben werden (§ 14 Abs. 2 AÜG i. V. m. §§ 81 u. 82 Abs. 1 BetrVG). Weiter kann der **Leiharbeitnehmer Auskunft über die im Betrieb geltenden Arbeitsentgelte und wesentliche Arbeitsbedingungen verlangen** (Vergleichsgröße: vergleichbare betriebszugehörige interne Arbeitnehmer). Leiharbeitnehmer sind Teil der Personalplanung beim Kunden. Hierfür gelten der gegenwärtige sowie künftige Bedarf an Personal inklusive Leiharbeitnehmern. Mitbestimmungspflichtige Einstellungsmaßnahmen im Rahmen des BetrVG sind ebenso wie die Einstellung eines Leiharbeitnehmers auch deren kurzfristiger Ersatz durch andere Leiharbeitnehmer. Nach § 80 Abs. 1 Nr. 1 BetrVG hat der Betriebsrat auch die Aufgabe der Überwachung der gesetzlichen Rechte der Leiharbeitnehmer wie Gleichbehandlung, Informationen über zu besetzende Stellen oder den Zugang zu Gemeinschaftseinrichtungen. Leiharbeitnehmer haben das Recht zur **Teilnahme an Betriebsversammlungen und den Besuch der Sprechstunde des Betriebsrats**. Leiharbeitnehmer zählen bei der maßgeblichen Unternehmens-, Betriebsrats- und Betriebsgröße für Freistellungen mit, wenn die Einsatzdauer sechs Monate übersteigt (§ 14 Abs. 2 S. 6 AÜG).

Die **Tarifbindung in der Arbeitnehmerüberlassung ist bei fast 100 %.** Die Verhandlungen über das tarifliche Entgelt wird von der Tarifkommission der Verhandlungsgemeinschaft Zeitarbeit (VGZ) geführt. Vertreter der beiden großen Verbände, der Interessenverband Deutscher Zeitarbeitsunternehmen e. V. (iGZ) sowie der Bundesarbeitgeberverband der Personaldienstleister e. V. (BAP), führen die Verhandlungen mit der Tarifgemeinschaft Zeitarbeit des DGB über die Höhe des Entgelts (siehe auch Abschn. 3.1 Interessenvertretungen) und sonstiger relevanter Themen. Grundsätzlich gibt es folgende Verträge:

- Manteltarifvertrag (MTV)
- Entgeltrahmentarifvertrag (ERTV)
- Entgelttarifvertrag (ETV)
- elf Branchenzuschlagstarifverträge (TV - BZ)

Grundlage für die Eingruppierung der Leiharbeitnehmer sind **Entgeltgruppen**. Das Entgelt ist die Basis der Entlohnung für Nichteinsatzzeiten. Während des Einsatzes gibt es meist in fünf Stufen gestaffelte Zuschläge bis Equal Pay nach spätestens 15 Monaten erreicht wird. Grundlage für die Eingruppierung ist die **notwendige Qualifikation für die im Kundeneinsatz ausgeübte Tätigkeit**. Es steht also die tatsächliche überwiegende Tätigkeit im Vordergrund, nicht die Ausbildung des Leiharbeitnehmers. Maßgebend sind die jeweiligen Tätigkeitsbeschreibungen. Es gibt 10 Stufen und 9 Entgeltgruppen (EG):

- EG 1: Tätigkeiten, die eine betriebliche Einweisung erfordern.
- EG 2a: Tätigkeiten, die eine Anlernzeit erfordern oder für die fachbezogene Berufserfahrung oder fachspezifische Kenntnisse erforderlich sind.
- EG 2b: Tätigkeiten, für die eine fachspezifische Qualifikation erforderlich ist.
- EG 3: Ausführung von Tätigkeiten, für die eine abgeschlossene mindestens zweijährige Berufsausbildung erforderlich ist.
- EG 4: Ausführung von Tätigkeiten, für die Kenntnisse und Fertigkeiten erforderlich sind, die durch eine mindestens dreijährige Berufsausbildung vermittelt werden
- EG 5: Tätigkeiten, die Kenntnisse und Fertigkeiten erfordern, die durch eine mindestens dreijährige Berufsausbildung vermittelt werden. Zusätzlich sind Spezialkenntnisse erforderlich, die durch eine Zusatzausbildung vermittelt werden, sowie eine langjährige Berufserfahrung.
- EG 6: Tätigkeiten, die eine Meister- bzw. Technikerausbildung oder vergleichbare Qualifikationen erfordern.
- EG 7: Tätigkeiten, die zusätzlich zu den Merkmalen der Entgeltgruppe 6 mehrjährige Berufserfahrung erfordern.
- EG 8: Tätigkeiten, die ein Fachhochschulstudium erfordern.
- EG 9: Tätigkeiten, die ein Hochschulstudium, bzw. Tätigkeiten, die ein Fachhochschulstudium und mehrjährige Berufserfahrung erfordern

Tab. 2.1 enthält den stündlichen Basislohn der Arbeitnehmer in den jeweiligen Stufen.

Der Höchststand mit 1,08 Mio. Leiharbeitnehmern war im November 2017. 895.000 Leiharbeitnehmer waren es im Jahresschnitt 2019. Im Dezember 2019 lag die Zahl bei 836.000. Dies waren knapp 10 % weniger als zum Vorjahreszeitpunkt. Auch aufgrund Corona sank die Zahl der Leiharbeitnehmer zwischenzeitlich auf unter 650.000. Der Anteil an der Gesamtbeschäftigung liegt bei knapp über 2 %.

Tab. 2.1 Entgelttabellen Leiharbeitnehmer in Euro

EG	West 2020	Ost 2020	2021	2022
EG 1	10,15	10,10	10,45	10,88
EG 2a	10,82	10,42	11,15	11,60
EG 2b	11,38	10,98	11,72	12,20
EG 3	12,42	11,93	12,79	13,32
EG 4	13,13	12,62	13,53	14,08
EG 5	14,83	14,26	15,27	15,90
EG 6	16,69	16,04	17,19	17,90
EG 7	19,48	18,72	20,07	20,89
EG 8	20,97	20,13	21,60	22,49
EG 9	22,12	21,24	22,79	23,72

Wie setzen sich Leiharbeitnehmer zusammen? Welche Eigenschaften haben diese? Welches Umfeld haben sie? Für viele Leser vielleicht überraschend: der **Anteil der sozialversicherungspflichtig beschäftigten Leiharbeitnehmer ist höher als der Vergleichswert der sonstig Beschäftigten**. Während 12 % der insgesamt Beschäftigten ausschließlich geringfügig beschäftigt sind, ist der Anteil bei den Leiharbeitnehmern nur 7 %. Somit sind **über 9 von 10 Leiharbeitnehmern sozialversicherungspflichtig beschäftigt**. Auch bei der Teilzeitquote werden einige verwundert sein. 25 % der insgesamt Beschäftigten sind in Teilzeit, aber **nur 15 % der Leiharbeitnehmer in Teilzeit beschäftigt**. Minijobs sind in der Arbeitnehmerüberlassung wenig verbreitet.

Wo werden die Leiharbeitnehmer eingesetzt? „Längerfristig zeigt sich eine Änderung in der Struktur der Einsatzbereiche der Leiharbeitnehmer, die auch aus dem **Wandel zum tertiären Sektor** resultiert: Rückläufig war seit Beginn des neuen Jahrtausends vor allem der Anteil der Leiharbeitnehmer, die in Produktionsberufen arbeiten. Hingegen ist **im langfristigen Trend die Zahl der Zeitarbeitnehmer gestiegen, die in Dienstleistungsberufen tätig sind**, zum Beispiel in Call Centern, als Lager- und Transportarbeiter, aber auch in Gesundheits- und sozialen Berufen. Im Jahr **2019 war mit fast vier von zehn Leiharbeitnehmern aber weiterhin der überwiegende Teil in Produktionsberufen tätig** …. Jeder dritte Leiharbeitnehmer arbeitete in einem Wirtschaftlichen Dienstleistungsberuf, zum Beispiel in Sicherheits- oder Reinigungsberufen. 14 % der Leiharbeitnehmer übten einen Personenbezogenen

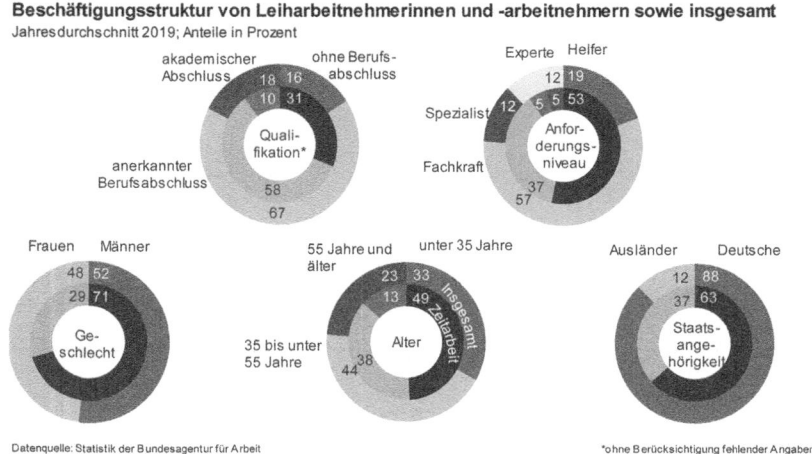

Abb. 2.1 Beschäftigungsstruktur von Leiharbeitnehmerinnen und -arbeitnehmern sowie insgesamt

Dienstleistungsberuf (beispielsweise Berufe im Gastgewerbe oder Gesundheitsberufe) aus und weitere elf Prozent einen Kaufmännischen Beruf (Handel oder Unternehmensführung).... Die Einsatzbranchen von Leiharbeitnehmern sind weit gefächert. ... Im Jahr 2018 waren fast zwei Fünftel der Leiharbeitnehmer in die Branche Investitions- und Gebrauchsgüter verliehen. Hier lag der Anteil der Leiharbeit an der betrieblichen Gesamtbeschäftigung mit fünf Prozent zudem überdurchschnittlich hoch. Es folgten die Branchen Produktionsgüter mit zwölf Prozent und Verkehr und Lagerei mit zehn Prozent. Auch in die Unternehmensnahen Dienstleistungen (8 %) und das Baugewerbe (7 %) wurden Leiharbeitnehmer relativ oft verliehen." (Statistik der Bundesagentur für Arbeit 2021, S. 10 f)

In Abb. 2.1 finden sich weitere Details über die Zusammensetzung der Leiharbeitnehmer. **71 % der Leiharbeitnehmer sind männlich. Circa die Hälfte ist unter 35 und weitere 38 % unter 55 Jahre alt.** Somit sind Leiharbeitnehmer im Vergleich zu den insgesamt Beschäftigten im Schnitt wesentlich jünger. Circa 2/3 sind deutscher Staatsangehörigkeit (Vergleichsgruppe: 88 %). Leiharbeitnehmer ohne abgeschlossene Ausbildung sind mit 31 % überproportional vertreten, circa doppelt so hoch wie bei der Vergleichsgruppe. **58 % der Leih-**

arbeitnehmer haben einen anerkannten Berufsabschluss und 10 % einen akademischen Abschluss. Somit können über 2/3 diese beruflichen Qualifikationen nachweisen.

Grundsätzlich „werden vier Anforderungsniveaus der ausgeübten Tätigkeit unterschieden:

- Helfer-/Anlerntätigkeiten (kurz: **Helfer**): erfordern keine berufliche Ausbildung oder nur eine einjährige Berufsausbildung.
- fachlich ausgerichtete Tätigkeiten (kurz: **Fachkraft**): erfordern eine mindestens zweijährige Berufsausbildung oder einen berufsqualifizierenden Abschluss an einer Berufsfach- oder Kollegschule.
- komplexe Spezialisten Tätigkeiten (kurz: **Spezialist**): erfordern mindestens eine Meister- oder Technikerausbildung oder einen weiterführenden Fachschul- oder Bachelorabschluss.
- hoch komplexe Tätigkeiten (kurz: **Experte**): erfordern ein mindestens vierjähriges abgeschlossenes Hochschulstudium." (Kaufmann et al. 2019).

Über die Hälfte der Leiharbeitnehmer sind im Helfersegment tätig, als Spezialist und Experte zusammen 10 % (Vergleichsgruppe 24 %). Der Anteil der Spezialisten und Experten ist in der Arbeitnehmerüberlassung steigend. So wechselten in den letzten Jahren auch vermehrt IT-Mitarbeiter in die Arbeitnehmerüberlassung.

Trotzdem sollte man sich über die **überwiegenden Merkmale eines „typischen Leiharbeitnehmers"** klar sein: **männlich, jünger, mit anerkanntem Berufsabschluss und als Helfer tätig. Für überproportional viele Menschen ist Arbeitnehmerüberlassung die (Wieder-)einstiegsmöglichkeit in den Arbeitsmarkt.**

Wie in den Beschäftigungsstrukturen unterscheidet sich auch das **Einkommen**. Es sollte tendenziell **niedriger** als in der Vergleichsgruppe ausfallen. Aber: dies ist nicht einfach zu messen. Das Statistische Bundesamt hat im September 2020 veröffentlicht, dass Helfer in der Arbeitnehmerüberlassung auf die Stunde sogar leicht höhere Stundenlöhne als die Vergleichsgruppe haben (Statistisches Bundesamt (Destatis) 2020, S. 35 f). Die Statistik/Arbeitsmarktberichterstattung der Bundesagentur für Arbeit kommt zu einem in Summe abgewandelten Ergebnis. Danach liegt der Median des Verdienstes des Leiharbeitnehmers mit knapp 2000 EUR rund 42 % unterhalb des „normalen sozialversicherungspflichtigen Vollzeitbeschäftigten". Die Zahl an sich ist allerdings wenig aussagekräftig, da eine signifikante Abweichung von der Vergleichsgruppe der sonstigen Arbeitnehmer in Ausbildung und Tätigkeit vorliegt. Eine Bereinigung im Sinne der Angleichung von Tätigkeiten der Vergleichsgruppe ist notwendig. Ist diese vollzogen, so passt sich die Differenz auf circa drei Fünftel an. Allerdings besteht immer noch eine Differenz von zwei Fünftel bzw. über 15 % (Statistik der Bundesagentur für Arbeit 2020, S. 22). Grundsätzliche Abweichungen könnten wie folgt erklärt werden:

- individuelle Erwerbsbiografie
- Ausbildung
- spezifische Berufskenntnisse und Kompetenzen
- Alter
- Dauer der Beschäftigung im Unternehmen
- Tarifvertragliche Wochenarbeitszeit in der Arbeitnehmerüberlassung von 35 h in der Woche versus knapp 38 h im Schnitt über andere Tarife

Neben dem niedrigeren Einkommen muss auf die im Vergleich kürzere Verweildauer in der Arbeitnehmerüberlassung hingewiesen werden. Mit anderen Worten: die Arbeitsplatzsicherheit der Leiharbeitnehmer ist vergleichsweise niedrig. „Im zweiten Halbjahr 2019 begründeten insgesamt 669.000 Arbeitnehmer ein Arbeitsverhältnis mit einem Verleiher. ... Den 669.000 im zweiten Halbjahr 2019 neu abgeschlossenen Zeitarbeitsverhältnissen stehen dabei mehr beendete Leiharbeitsverhältnisse gegenüber (730.000). ... Ende Dezember 2019 gab es 934.000 bestehende Beschäftigungsverhältnisse zwischen Verleihern und Leiharbeitnehmern. Etwa **ein Fünftel** von ihnen (204.000) hatte eine **bisherige Dauer von neun bis unter 18 Monaten. Ein Drittel** der Beschäftigungsverhältnisse (313.000) **bestand bereits seit mindestens 18 Monaten** .... von den 730.000 im zweiten Halbjahr 2019 beendeten Zeitarbeitsverhältnissen dauerten 13 % (96.000) mindestens 18 Monate. Ebenfalls **13 %** (98.000) der beendeten Beschäftigungsverhältnisse dauerten **zwischen neun bis zu 18 Monaten**. Nach **weniger als einem Monat endeten zuletzt 28 %** (203.000) aller Leiharbeitsverhältnisse, **22 %** (163.000) wurden in einem Zeitraum von **mindestens einem bis unter drei Monaten beendet**. Leiharbeitnehmer finden nach der Beendigung des Beschäftigungsverhältnisses in der Zeitarbeit vielfach schnell wieder einen Arbeitsplatz. Von allen Leiharbeitnehmern, deren Beschäftigung im zweiten Halbjahr 2019 endete, waren 60 % (435.000 Arbeitnehmer) 90 Tage nach Beendigung (erneut) in Beschäftigung, und zwar mehrheitlich sozialversicherungspflichtig außerhalb der Zeitarbeit (240.000)." (Statistik der Bundesagentur für Arbeit 2021, S. 14 f) Grundsätzlich gilt die Faustformel, dass **Tätigkeiten höherer Art auch mit längeren Einsätzen einhergehen**.

Für rund die Hälfte der Leiharbeitnehmer endet das Vertragsverhältnis innerhalb von drei Monaten. Letztendlich wollte die Koalition die Arbeitnehmerüberlassung auf ihre Kernfunktionen reduzieren und die Verleihdauer begrenzen. Dies geht mit niedrigerer Arbeitsplatzsicherheit für den Leiharbeitnehmer einher. Insofern haben viele Leiharbeitnehmer unbefristete Arbeitsverträge verloren. Oder sie wurden von Anfang an nur noch befristet eingestellt. Hier kann grundsätzlich die Sinnhaftigkeit des Konstrukts bezweifelt werden. Leiharbeitnehmer müssen aufgrund der Höchstüberlassungsdauer den Kundeneinsatz früher beenden. Dies kann neben persönlichen Bindungen und Bezug zum Kunden auch erhebliche finanzielle Folgen für den Leiharbeitnehmer bedeuten. Dieser konnte über die Zeit beim Kunden finanzielle Zugewinne verzeichnen. Diesen Zugewinn verliert er mit dem Austritt. Der Leiharbeitnehmer muss bei einem anderen Kunden wieder neu starten, was in der Regel mit weniger Entgelt verbunden ist. Die Steigerungen muss er sich wieder über die Zeit erarbeiten. Auch hier kann die Sinnfrage gestellt werden.

Für viele Leiharbeitnehmer bietet das Vertragsverhältnis den (Wieder-)**Eintritt in den Arbeitsmarkt** und kann als **echte Chance im Sinne einer Beschäftigungsperspektive** begriffen werden. Rund 2/3 „der neu abgeschlossenen Zeitarbeitsverhältnisse im zweiten Halbjahr 2019 wurden mit Personen geschlossen, die direkt zuvor keine Beschäftigung ausübten bzw. noch nie beschäftigt waren. Überwiegend lag die letzte Beschäftigung des Zeitarbeitnehmers maximal ein Jahr zurück", nämlich ebenfalls zu rund 2/3 davon. **Rund 3/4 „der Arbeitslosen, die aus Arbeitslosigkeit eine Beschäftigung in der Zeitarbeit aufgenommen haben, sind sowohl nach sechs als auch nach zwölf Monaten sozialversicherungspflichtig beschäftigt**, teilweise auch in anderen Branchen." (Statistik der Bundesagentur für Arbeit 2021, S. 4+14 f)

Arbeitnehmerüberlassung hat sich **als sehr guter Ansatz für die Integration von Flüchtlingen in den Arbeitsmarkt** bewährt. Diesen Einstieg hat ungefähr jeder dritte beschäftigte Flüchtling auf diese Weise vollzogen. „Jede fünfte weibliche Befragte und jeder vierte männliche Befragte mit andauernder Erwerbstätigkeit war zum Befragungszeitpunkt bei einer Zeitarbeitsfirma beschäftigt. Darüber hinaus befinden sich zwei Drittel der zum Befragungszeitpunkt beschäftigten Geflüchteten in einem befristeten Arbeitsverhältnis … 59 % aller befristeten Arbeitsverhältnisse der Männer lassen sich nicht der Zeitarbeitsbranche zurechnen, bei den Frauen beträgt dieser Anteil 68 %. Dies zeigt, dass der hohe Anteil an Befristungen sich nicht allein über Zeitarbeit erklären lässt. Auch in anderen Branchen spielen befristete Arbeitsverhältnisse eine wichtige Rolle. Vergleicht man nur Beschäftigungsverhältnisse in Zeitarbeit, beträgt die Befristungsquote bei Männern 70 %, bei Frauen 85 %. Für Beschäftigungen außerhalb von Zeitarbeit betragen die Befristungsquoten 59 % und 68 % (Männer/Frauen)." (Bundesministerium für Arbeit und Soziales 2020, S. 82) „Im Jahresdurchschnitt 2019 waren 52.000 Personen aus den Hauptasylzugangsländern als Zeitarbeiter beschäftigt. Gegenüber dem Vorjahreszeitraum hat sich ihre Zahl deutlich erhöht (+8.000; +17 %). Der Anteil der Zeitarbeiter aus diesen Ländern an allen ausländischen Zeitarbeitern ist damit im Vergleich zum Vorjahr um drei Prozentpunkte auf 16 % gestiegen. Geflüchtete Menschen haben vielfach keine bzw. keine anerkannte Berufsausbildung. Auch deshalb gelingt der Einstieg in den Arbeitsmarkt in hohem Maße nur auf Helfer-Niveau. 85 % der Leiharbeitnehmer aus den Hauptasylzugangsländern waren im Jahresdurchschnitt 2019 als Helfer beschäftigt (zum Vergleich: alle ausländischen Leiharbeitnehmer 71 %, alle Leiharbeitnehmer 53 %)." (Rupp 2020, S. 13) Vielen Flüchtlingen wäre der Einstieg in den Arbeitsmarkt ohne die Arbeitnehmerüberlassung verwehrt geblieben.

Wechseln wir nun die Betrachtungsweise von den Leiharbeitnehmern hin zur Seite der Personaldienstleistungsunternehmen. 50.000 Betriebe haben die Genehmigung zur Arbeitnehmerüberlassung. **11.000 Betriebe bzw. knapp 8.000 Unternehmen davon haben den Schwerpunkt ihrer Tätigkeit in der Arbeitnehmerüberlassung. Diese beschäftigen rund 75 % der Leiharbeitnehmer.** „Gut drei Viertel aller Verleihbetriebe beschäftigten weniger als zehn Leiharbeitnehmer. In 14 % der Betriebe arbeiteten 10 bis 49 Zeitarbeitnehmer und neun Prozent beschäftigten 50 oder mehr Leiharbeitnehmer. ... Dagegen hat **mehr als ein Drittel der Verleihbetriebe mit Schwerpunkt Arbeitnehmerüberlassung 50 oder mehr Leiharbeitnehmer (35 %).** Auffällig ist, dass die Zahl der Verleihbetriebe mit 50 und mehr Leiharbeitnehmern sowohl in den Betrieben mit als auch in denen ohne Schwerpunkt Arbeitnehmerüberlassung gegenüber dem Vorjahr deutlich rückläufig sind. Anteilsmäßig ist gerade bei Betrieben mit dem Schwerpunkt Arbeitnehmerüberlassung eine Verschiebung hin zu kleineren und mittleren Betrieben zu beobachten. Ab Dezember 2018 übersteigt der Anteil der mittleren Betriebe sogar den der Betriebe mit 50 und mehr Leiharbeitnehmern." (Statistik der Bundesagentur für Arbeit 2021, S. 8) **Die führenden 50 Unternehmen mit rund 260.000 beschäftigten Leiharbeitnehmern stehen für rund 1/3 des Gesamtmarktes.** Wie bereits erwähnt haben rund 50.000 Betriebe die Genehmigung zur Arbeitnehmerüberlassung. **Somit wird deutlich, das unter 1 % der genehmigten Betriebe für über 30 % des Marktes der Arbeitnehmerüberlassung stehen.**

Viele Personaldienstleister in der Arbeitnehmerüberlassung bieten auch Leistungsbausteine wie Onsite Management oder Managed Service Providing an. Sie binden, ebenso wie Anbieter im Vertragskonstrukt Contracting, Kunden durch Nähe oder hohe Umsatzabwicklung an sich. Diese Leistungsbausteine sind in Abschn. 2.3 nachzulesen

2.2 Personalvermittlung

Der Markt der Personalvermittlung in Deutschland ist in den letzten Jahren auf ein Markvolumen von über 2 Mrd. EUR stark gewachsen. Corona hat in 2020 den Markt gebremst, wird jedoch die dauerhafte Notwendigkeit der Wirtschaft an Personal in vielen Bereichen nicht ändern. Der Mangel an Fachkräften wird Deutschland noch lange Zeit begleiten. Die Dienstleistungen der Personalberatung/-vermittlung werden für viele Unternehmen substanziell für das eigene Wachstum sein.

Positionen unbesetzt zu lassen oder später zu besetzen ist teuer. Abgleitet aus einer Studie von Haufe kann der Verlust einer unbesetzten Position bei Fach-und Führungskräften mit einem Jahreszielgehalt von 60.000 EUR mit rund 500 EUR am Tag beziffert werden (Althanas 2020). Wird eine Position 50 Werktage später besetzt, so summiert sich dies auf 25.000 EUR. Die durchschnittliche Besetzungsdauer einer Stelle lag im 2. Quartal 2020 bei rund 150 Tagen (Weller et al. 2020, S. 28). Mit einer zunehmenden Professionalisierung der Personalbereiche beim Kunden werden solche Zahlen immer bewusster werden.

Personalvermittlung ist die Suche eines Dienstleisters mit dem Ziel, den Kandidaten in Festanstellung bei einem Kunden zu vermitteln. Die Gewinnerzielungsabsicht ist ein Kennzeichen der privaten Personalvermittlung. Öffentliche Arbeitsvermittlung ohne Absicht der Gewinnerzielung liegt in der Zuständigkeit des Bundesministeriums für Arbeit. Die Grenzen der Personalvermittlung zur Personalberatung sind häufig fließend. Aufträge der **Personalberatung** umfassen meist individuelle zusätzliche Leistungsbausteine und gehen über die reine Personalvermittlung hinaus. Kennzeichen sind ein individuelles, rein auf eine Stelle bezogenes Screening hoch qualifizierter Kandidaten, gemeinsame Erarbeitung der möglichen Stellenanzeige und Suchstrategien zum am besten geeigneten potentiellen Kandidaten. Meist erhält ein Dienstleister den Auftrag exklusiv und rechnet nicht rein erfolgsorientiert ab. **Executive Search** ist Personalberatung für sehr hochstehende Positionen mit entsprechenden Einkommen, häufig über 250.000 EUR.

Beratungstätigkeiten von Dienstleistern gehen über die reine Suche und Platzierung von Kandidaten hinaus. Einzelne Anbieter sind dabei nur auf eine der folgenden beispielhaft genannten Leistungsbausteine spezialisiert:

- New Placement (Beratung im Umfeld Outplacement)
- Maßnahmen der Personalentwicklung wie Personalbeurteilung und Potentialanalysen
- Nachfolgeplanung
- Beratung in der Aufbau- wie Ablauforganisation
- Moderation und Konfliktmanagement
- Beratung über Vergütungsstrukturen und -höhen

Die **vertragliche Basis** in der Personalberatung ist meist der Dienstvertrag nach §§ 611 f BGB. In der Personalvermittlung kommen auch Allgemeine Geschäftsbedingungen (§§ 305 f BGB) zum Einsatz. Bei reiner Erfolgsorientierung, der Kunde zahlt hier nur bei erfolgreicher Vermittlung, dient das Maklerrecht (§§ 652 f BGB) als Basis.

Die Tätigkeit als Personalvermittler ist seit den Arbeitsmarktreformen aus 2002 erlaubnisfrei. Im Gegensatz zur Arbeitnehmerüberlassung benötigt dieses Leistungsangebot also keine Zulassung der Bundesagentur für Arbeit oder anderer staatlicher Organe. Unternehmen mit dem reinen Angebot der Arbeitnehmerüberlassung erzeugen häufig auch vermittelnde Leistungen. In diesen Fällen wechseln Leiharbeitnehmer in die Festanstellung des Kunden (sogenannter Klebeeffekt, siehe auch Abschn. 2.1). In vielen Fällen ist bereits bei Auftragserteilung das Ziel der anfänglichen Arbeitnehmerüberlassung die Festanstellung beim Kunden. Somit bieten sie ebenfalls Leistungen mit Bezug zur Personalvermittlung. Dieser Klebeeffekt ist jedoch nicht Teil dieses Kapitels (siehe Abschn. 2.1).

Mit circa 2000 Anbietern ist der **Markt der Personalberatung in Deutschland** sehr heterogen. Bei diesen Dienstleistern arbeiten circa 15.000 Mitarbeiter, rund die Hälfte davon in der direkten Kundenbetreuung. Aufgrund der Verhältniszahlen wird deutlich, dass die meisten Anbieter vergleichsweise wenig Umsatz (im Schnitt circa 1 Mio. Umsatz) generieren. Sie sind häufig auch als Solo-Selbständige tätig.

Umsatzstärkste Anbieter in Deutschland sind unter anderem Hays, PageGroup, Kienbaum, Egon Zehnder oder Perm4. Nahezu alle Anbieter bedienen nur einen Teil des Marktes. Häufig erfolgt die Einteilung anhand folgender Merkmale:

- Ein Abgrenzungsmerkmal von einfacheren Tätigkeiten oder Einstiegspositionen nach dem Studium sind Fach- oder Führungspositionen im sogenannten Specialist Recruitment.
- Oft werden diese Tätigkeiten mit einem Einkommen von rund 55.000 bis 125.000 EUR vom darüber liegenden Executive Search abgegrenzt.
- Abgrenzungsmerkmale können auch Kundenbranche, Regionen, Ausbildung der Kandidaten oder Berufsbilder (zum Beispiel Spezialisierung auf Juristen oder Finance-Spezialisten) sein. Größere Dienstleister haben Practice Groups beziehungsweise Competence Center für die optimale Betreuung von Kunden und Kandidaten gebildet.

Wie bereits erwähnt gibt es verschiedene **Abrechnungsmodelle**. Diese sind in vielen Fällen auch hybrid, setzen sich unterschiedlich zusammen und sind oft von der zu besetzenden Jobrolle beziehungsweise Hierarchiestufe abhängig.

Das gängigste Modell in der Personalberatung ist die Abrechnung in Stufen nach Leistungsbausteinen, beziehungsweise Projektfortschritt. Dies wird auch Retainer genannt. Hierbei ist traditionell die sogenannte **„Drittel-Regelung"** üblich. Dies bedeutet, dass jeweils ein Drittel des Betrages fällig wird in den Stufen

- Beauftragung,
- Vorstellung von Kandidatendossiers und
- erfolgreicher Besetzung der Vakanz.

Je stärker die Leistung rein vermittelnd ist und je niedriger das Zieleinkommen, desto üblicher ist eine **rein erfolgsorientierte** Bezahlung der Dienstleistung. Das heißt, Ausgaben für den Kunden entstehen nur, wenn die Position durch den Dienstleister besetzt wird. In den letzten Jahren sind viele Dienstleister dazu übergangen, **Vorab-Fees** zu verrechnen. Diese Fees sind aber im Vergleich zur Drittel-Regelung wesentlich niedriger. Sie belaufen sich mit Auftragsannahme eher bei 5–15 % der zu erwartenden Rechnungssumme als einmaliger Posten. Häufig wird dieser Abschlag mit einer erfolgreichen Vermittlung verrechnet. Die zu erwartende Rechnungssumme wird meist über das zu erwartende Jahreszielgehalt (JZG) des Kandidaten errechnet und beläuft sich im Schnitt auf circa 25 % von diesem. Je höher die Position, desto tendenziell höher ist der Prozentsatz, in Spitzen auch über 40 %. Für hochstehende Positionen arbeiten Executive Search Beratungen teilweise auch auf reiner **Aufwandsschätzung oder Stundenbasis**.

Folgende Honorarhöhen sind in den jeweiligen Stufen ungefähr (in EUR) zu erwarten:

- Helfer/Einfache Tätigkeiten: 2.000-5.000 (Honorar: erfolgsabhängig)
- Fachkraft: 4500–11.000 (Honorar: meist erfolgsabhängig)
- Spezialist: 10.000–20.000 (Honorar: erfolgsabhängig und/oder Retainer; 15–30 % des JZG)
- Experte: 15.000–35.000 (Honorar: eher Retainer, 15–35 % des JZG)
- Gehobene Fach-und Führungspositionen: 20.000–45.000 (Honorar: eher Retainer, 20–35 % des JZG)
- Personalberatung im Bereich gehobener und höherer Führungskräfte: 35.000 –> 100.000 (Honorar: Retainer, 30–50% des JZG)

Reine Beratungsleistungen ohne vermittelnde Tätigkeit werden meist auf Tagessatzbasis abgerechnet. Einfluss auf die Höhe haben Auftragsvolumen, Tätigkeit, Größe des Kunden, Ruf des Anbieters, Qualifikation des Beraters etc. Die Sätze können in der Spitze durchaus 3000 EUR am Tag überschreiten.

Am Anfang des Kapitels wurde erwähnt, dass eine unbesetzte Stelle schnell zu Verlusten im zweistelligen Bereich führen kann. Dies relativiert die für viele als hoch empfundenen Ausgaben für Dienstleister. Die Kosten für die interne Rekrutierung des Nachfragers sind in dieser Betrachtung noch nicht einberechnet. Personalvermittlung als Leistung einzukaufen kann neben reiner Notwendigkeit auch wirtschaftlich sehr sinnvoll sein.

Insbesondere viele Großunternehmen haben das eigene Recruiting professionalisiert. Prämien für die eigenen Mitarbeiter für Mitarbeiterwerbung, eigene Teams für Active Sourcing sind ebenso so wie die Zusammenarbeit mit Personaldienstleistern bereits tägliche Routine. Selbstverständlich: Personaldienstleister greifen in der Theorie auf den gleichen Markt zu. Professionelle Dienstleister greifen aber häufig gezielter, mit mehr Know-how und besseren vielseitigeren technischen Möglichkeiten zu und erweitern in der Praxis den Kandidatenmarkt für den Kunden.

Wie machen sie das? Sie sind (hoffentlich) Profis für ihren Teilmarkt oder haben Teams herausgebildet, welche sehr eng segmentierte Märkte oder nur einzelne Jobrollen bearbeiten. Allein auf dem deutschen Markt gibt es rund 1000 Online-Stellenbörsen, welche generalistisch oder nach Teilmärkten (Berufsgruppen, Regionen etc.) aufgestellt sind. Profis wissen, auf welchen Portalen sie Stellen posten oder welche Messen sie besuchen müssen, um Kandidaten anzusprechen. Mehrere Dienstleister besuchen beispielsweise fast alle Messen für Ingenieure in Deutschland. Für viele einzelne Kunden ist dies wirtschaftlich einfach nicht sinnvoll. Dienstleister sprechen täglich mit einer Vielzahl von Kandidaten in einem Segment. Genauso wie Kunden ihren Mitarbeitern Prämien für Kandidatenwerbung zahlen, bonifizieren viele Personaldienstleister Kandidaten, wenn diese ihnen weitere Kandidaten empfehlen. Weiter haben führende Dienstleister Angebote für Weiterbildung, möchten den Kandidaten während des gesamten Berufslebens begleiten und sprechen diesen bereits in der Ausbildung an.

Personaldienstleister wie deren Kunden müssen heute in der Regel mehrere Wege gehen, um geeignete Mitarbeiter für sich gewinnen zu können. Es benötigt mehrere Rekrutierungskanäle. In Abb. 2.2 (nach Jäger/Meurer, RECRUITING-STRATEGIEN 2018:Erfolgreiche Instrumente zur Bewerbersuche, Eine Studie der Zeitschrift Personalwirtschaft, 2018, S. 15) finden sie hierzu eine Übersicht.

Grundsätzlich gilt: je spezifischer und hierarchisch höher eine Position ist, desto häufiger erfolgt die Einstellung über Personalberatungen. Weiter arbeiten Personalberatungen häufig auf Stellen, welche der Kunde nicht im eigenen Namen bekannt geben will. Diese Stellen sind Teil des verdeckten Stellenmarktes in Deutschland.

2 Vertragsarten und Compliant Sourcing

VERTEILUNGEN ZUR NENNUNG DER EINSTELLUNGSSTÄRKSTEN RECRUITING-KANÄLE — Abbildung 7

Ansprache	Mitarbeiterempfehlungen	Online-Stellenbörsen	Eigene Karriere-Website	CV-Datenbanken	Personalberater	Social Media	Online-(Business)-Netzwerke (Active Sourcing)	Print-Stellenanzeigen	Initiativbewerbungen	Rekrutierungsveranstaltungen	Sonstige*
				Kommunikations-/Recruiting-Kanäle							
Einstiegspositionen (n = 68)	9 %	51 %	18 %	0 %	0 %	3 %	1 %	9 %	0 %	9 %	0 %
Einfache Tätigkeiten (n = 60)	15 %	48 %	22 %	0 %	2 %	2 %	0 %	8 %	3 %	0 %	0 %
Berufseinsteiger mit abgeschlossener Ausbildung/Lehre (n = 61)	11 %	59 %	21 %	0 %	2 %	0 %	0 %	5 %	2 %	0 %	0 %
Hochschulabsolventen (n = 66)	8 %	61 %	12 %	0 %	2 %	5 %	3 %	2 %	0 %	9 %	0 %
Facharbeiter (z. B. Technik, Industrie, Handwerk) (n = 49)	12 %	41 %	24 %	0 %	4 %	0 %	6 %	12 %	0 %	0 %	0 %
Fachkräfte Bürotätigkeiten (kaufmännische Berufe) (n = 59)	8 %	53 %	25 %	0 %	5 %	0 %	2 %	7 %	0 %	0 %	0 %
Fachkräfte Vertrieb (n = 44)	0 %	52 %	23 %	0 %	11 %	0 %	9 %	0 %	0 %	5 %	0 %
Fachkräfte MINT (n = 45)	9 %	53 %	22 %	0 %	7 %	2 %	4 %	2 %	0 %	0 %	0 %
Fachkräfte Dienstleistungsberufe (z. B. Pflegepersonal, Gesundheit etc.) (n = 22)	0 %	59 %	32 %	0 %	5 %	0 %	0 %	5 %	0 %	0 %	0 %
Management und Führungskräfte (n = 61)	8 %	25 %	20 %	2 %	30 %	2 %	8 %	3 %	3 %	0 %	0 %
Sonstige (n = 17)	6 %	53 %	18 %	0 %	12 %	0 %	6 %	6 %	0 %	0 %	0 %

Ziel-/Kandidatengruppen

*Weitere Recruiting-Kanäle wurde anhand von Freitextfragen für die unterschiedlichen Zielgruppen erfasst.
Farblich hervorgehoben = höchste Bewertung für jeweilige Ziel-/Kandidatengruppe; fett = höchste Bewertung des jeweiligen Recruiting-Kanals.

Abb. 2.2 Verteilung zur Nennung der einstellungsstärksten Recruiting-Kanäle

Unternehmen haben den Wert von Personalberatungen erkannt. Viele professionalisieren den Umgang mit Dienstleistern und konzentrieren sich auf wenige Partner.

Recruitment Process Outsourcing (RPO)/Recruitment Process Services (RPS)

Die Vergabe **von vielen Stellen an einen einzelnen Dienstleister bis hin zur ganzheitlichen Auslagerung des Recruitment bezeichnet man als Recruitment Process Outsourcing (RPO)**. Im Gegensatz zum Managed Service Providing (MSP) geht es hierbei um **interne Ressourcen**. Insbesondere in den USA, welche im Industriezyklus der Personaldienstleistungen Deutschland weit voraus sind, ist diese Form weit verbreitet. Das weltweite Marktvolumen dieser speziellen Form des Business Process Outsourcing wird zu nahezu 50 % in den USA generiert. In Deutschland spielt PRO eine untergeordnete Rolle und liegt seit Jahren im niedrigen einstelligen Bereich. (Recruiting 2020, S. 45)

Der Dienstleister übernimmt für einen bestimmten Zeitraum ganzheitlich das Recruiting für Teile eines Betriebes oder des kompletten Unternehmens. Selbstverständlich ist dies für beide Seiten erst ab einem gewissen Volumen sinnvoll. Häufig treten die Mitarbeiter des Dienstleisters im Namen des Kunden auf. Beispielsweise wird das Logo des Kunden auf Stellenanzeigen abgebildet und lediglich die Kontaktdaten sind die des Dienstleisters. Diese Leistungen können sowohl **Offsite beim Dienstleister oder auch Onsite beim Kunden** durchgeführt werden. In diesem Fall arbeiten Recruiter oder ganze Abteilungen des Dienstleisters mit dauerhaften Arbeitsplätzen in den Räumlichkeiten beziehungsweise in unmittelbarer Nähe des Kunden. Führende RPO-Anbieter haben bewährte Bausteine an grundlegenden RPO-Leistungen und passen diese auf die individuelle Kundensituation an. Gründe, welche für die Auslagerung sprechen, sind unter anderem:

- fehlendes Personal, teilweise auch nur temporär wie beispielsweise beim Aufbau neuer Niederlassungen
- fehlendes Know how, auch in Teilgebieten wie bei neu gesuchten Jobrollen oder neuen geografischen Regionen

- Konzentration auf Kernpositionen des Unternehmens durch den Auftraggeber und Abgabe der „Randpositionen" an den Dienstleister
- relative Kostenreduktion durch hohe Einkaufsvolumen bei Jobportalen, weltweit verteilte Sourcingcenter des Dienstleisters etc.
- Steigerung der Flexibilität durch Services-on-Demand und relativ frei skalierbare Projekte
- Nutzung der technologischen Expertise und Partnerschaften des Dienstleisters (bspw. Multi-Channel Recruiting)
- Erhöhung der Transparenz
- Kontinuierliches Prozess-Monitoring

Es können aber auch nur **einzelne Tätigkeiten der HR** beziehungsweise Phasen im Rekrutierungsprozess an Dienstleister **ausgelagert** werden. In diesem Zusammenhang spricht man von **Recruitment Process Services (RPS)**. Beispiele für die Phasen sind:

- Planung: Recruiting Strategy, Bedarfsanalyse, Gehaltsvergleiche, Kostenplanung, Time to Hire etc.
- Ansprache: Kampagnen, Active Sourcing, Candidate Attraction etc.
- Vorauswahl: Pre-Screening, Auswahl der Short-Listen, erste Interviews etc.
- Auswahl: Interviews, Assessments, psychologische Testverfahren, Ergebnisberatung etc.
- Einstellung: Verhandlungsunterstützung, Unterstützung im Service etc.
- Retention/Mitarbeiterbindung: Relocation Services, Candidate Care Services, Employer Branding Maßnahmen etc.

„Full-Service-RPO" ist die Nutzung aller Möglichkeiten bzw. die komplette Auslagerung des Recruiting. Weltweit führende Anbieter sind Randstad Sourceright, Alexander Mann Solutions, ManpowerGroup Solutions oder auch Allegis Global Solutions.

Systemseitig wird die Dienstleistung oft über eigene Applicant Tracking Systeme (ATS) abgebildet. Avature, Taleo von Oracle und SuccessFactors von SAP sind führende Standardlösungen von Softwareherstellern.

Es gibt Stimmen, welche besagen, dass Recruiter im Zeitalter der Digitalisierung oder Künstlichen Intelligenz bald überflüssig und durch Maschinen ersetzt werden. Somit hätte auch die Personalvermittlung und das Recruitment Process Outsourcing keine Zukunft mehr. Der Blick in die langfristige Zukunft ist selbstverständlich nicht seriös. Aber mindestens bis zum Jahr 2030 wird dieses Szenario nicht der Fall sein. Stand heute ist Robot Recruiting noch nicht soweit. Computer sind leicht zu überlisten, Algorithmen oft zu unsicher und die Entwicklung noch zu weit vom gewünschten Ergebnis weg, um den Recruiter vollständig zu ersetzen. (Alexandra Straush 2020, S. 59). Die Technik unterstützt Recruiter und Personalvermittler in ihren Tätigkeiten und der Entscheidungsfindung. Personalvermittler werden durch Technologien effizienter, aber nicht ersetzt werden.

2.3 Contracting/Freelancer/Interim Management

Die meiner Meinung nach in der Breite am meisten unterschätzte Vertragsart ist die **Durchführung von Projekten auf dienstvertraglicher Basis** (§ 611 ff BGB), auch Contracting genannt. Der **Dienstvertrag verlangt die Durchführung von Diensten gegen Entgelt.** Der Auftragnehmer **verpflichtet sich zur Erbringung der Arbeitsleistung an sich**, die Abrechnung erfolgt in der Regel auf Stunden- oder Tagesbasis. Im Gegensatz zum Werkvertrag verpflichtet sich der Auftragnehmer also nicht zur Herstellung einer bestimmten Sache, sondern zur Erbringung der Arbeitsleistung an sich.

Das Marktvolumen sollte höher als in der Arbeitnehmerüberlassung sein. Auch wenn die Zahl der für Personaldienstleister interessanten Freelancer etwa „nur" 400.000 betragen sollte ist das Markvolumen mit über 30 Mrd. EUR sehr interessant. Stundensätze von häufig über 100 EUR, im Schnitt oft ein Vielfaches der Arbeitnehmerüberlassung, können in Rechnung gestellt werden. Dienstleister sollten prüfen, ob sie diese Vertragsart in ihr Portfolio aufnehmen wollen. Allerdings muss betont werden, dass sich das benötigte Know how des Dienstleisters in wesentlichen Zügen von der Arbeitnehmerüberlassung oder der Vermittlung von Kandidaten in Festanstellung unterscheidet.

Wie wird Contracting durchgeführt? Der **Personaldienstleiter führt ein Projekt im Auftrag des Kunden** durch. Für die Durchführung des Projektes greift der Dienstleister auf **Subunternehmer**, in der Regel Solo-Selbständige, zurück. Mit beiden Seiten, also Kunde und Subunternehmer, wird ein Dienstvertrag geschlossen. Der Freelancer ist Erfüllungsgehilfe (§ 278 BGB) des Dienstleisters. Wir sprechen also von einem 3-Personen-Verhältnis. Dies ist in Deutschland die übliche Art der Durchführung und wird auch als „Holländisches Modell" bezeichnet. International weit verbreitet ist das sogenannte „Angelsächsische Modell". Hierbei sucht der Personaldienstleister den passenden Freelancer und dieser schließt mit dem Kunden direkt den Vertrag. Der Dienstleister wird also zum Makler und erhält entsprechenden Maklerlohn (§§ 653 f BGB).

Solo-Selbstständige sind Erwerbstätige, welche

- keine eigenen Mitarbeiter beschäftigen,
- ihre Leistungen selbstständig und in der Regel
- persönlich erbringen.

Interim Management besetzt hierarchisch hochstehende Aufgaben durch selbständige Interim Manager. Die rechtliche Basis ist meist ebenfalls der Dienstvertrag.

Wir erinnern uns: der Begriff des Arbeitnehmers wurde 2017 erstmalig im BGB § 611a (Arbeitsvertrag) definiert. Der Arbeitnehmer ist demnach:

- weisungsgebunden
- fremdbestimmt
- in persönlicher Abhängigkeit

Der Selbständige/Freelancer ist demnach derjenige, der eben nicht weisungsgebunden und nicht fremdbestimmt arbeitet. Somit ist der Freelancer nicht in die Arbeitsorganisation des Kunden eingebunden, kann seinen Arbeitsort und seine Arbeitszeit frei bestimmen und unterliegt keinen disziplinarischen Weisungen des Kunden. Eine Definition der Selbständigkeit kann beispielsweise aus § 7 Abs. 1 SGB IV hergeleitet werden (Bundesministerium der Justiz und für Verbraucherschutz 2020): „Beschäftigung ist die nichtselbständige Arbeit, insbesondere in einem Arbeitsverhältnis. Anhaltspunkte für eine Beschäftigung sind eine Tätigkeit nach Weisungen und eine Eingliederung in die Arbeitsorganisation des Weisungsgebers."

Wichtig ist die rechtssichere Durchführung des Projektes vor dem Hintergrund der Scheinselbständigkeit. Alle beteiligten Parteien müssen Regeln beachten! Selbstverständlich sind entsprechende Compliance konforme Verträge die Basis der Zusammenarbeit. Ebenso wichtig ist aber auch die Durchführung des Projektes entsprechend den Anforderungen. Weiter muss sich der Freelancer auf dem Markt grundsätzlich als Unternehmer positionieren. Er hat eigenes unternehmerisches Risiko. Details zu dem Themengebiet sind in Abschn. 2.5 aufgeführt.

Vor dem Hintergrund der für alle Parteien nicht zufriedenstellenden hohen Rechtsunsicherheit hat sich der Trend zu einer abgewandelten Form des Contracting verstärkt. Dies ist die Durchführung der Projekte mit festangestellten Mitarbeitern eines Subunternehmers. Es wird also kein Freelancer, sondern ein Mitarbeiter in Festanstellung für die Durchführung des Projektes eingesetzt. Führende Contracting-Dienstleister haben interne Mitarbeiter, welche sie speziell und ausschließlich für die Suche und Betreuung von diesen Partnerunternehmen einsetzen. Der Wunsch nach **Contracting mit Festangestellten** wird vom Kunden ausgesprochen, darunter auch DAX-Unternehmen. Dieser Sub-Markt ist in den letzten Jahren stark gewachsen und dürfte in der Zwischenzeit weit über 10 % des Gesamtmarktes betragen.

In der Wirtschaft ist der Einsatz von Freelancern weit verbreitet. Mehrere Studien weisen darauf hin, dass drei von vier Unternehmen ab einer gewissen Größenordnung Freelancer einsetzen. Und: **der Einsatz von Freelancern verdrängt die Stammbelegschaft nicht**. Im Gegenteil: das Umsatzwachstum wird „maßgeblich positiv beeinflusst. Unternehmen mit einem höheren Anteil an Freelancern machen mehr Marktgewinne, während Unternehmen mit einem kleineren Freelancer-Anteil nur vernachlässigbare Vorteile daraus ziehen. Zusätzlich fanden

Burke und Cowling eine positive Korrelation zwischen dem Anteil an Freelancern und dem Nettobeschäftigungswachstum. Entgegen der oft genannten Vermutung, dass Freelancer die normalen Arbeitnehmer ersetzen, zeigte die Studie, dass das Beschäftigungswachstum nicht nur die Anzahl an Freelancern ausgleicht, sondern sogar übertrifft." (Bundesverband für selbständige Wissensarbeit 2019). Freelancer sind häufig wesentlicher Treiber von Innovationen. Ohne sie ist es vielen Unternehmen nicht möglich, die Leistungsfähigkeit sicher zu stellen und am Markt erfolgreich aufzutreten. Für die IT weist eine Studie darauf hin, dass circa die Hälfte der Arbeitskräfte extern ist. Rund die Hälfte davon sind wiederum Freelancer. Somit ist jede vierte Arbeitskraft in der IT der Unternehmen ein Freelancer (Freimark 2019, S. 10 f). Beeindruckende Zahlen für ein in der Gesamtbevölkerung recht unbekanntes Phänomen.

Zahlreiche **Gründe** sprechen aus **Sicht** der **Unternehmen** für Contracting:

- Flexibilität
- Spezial-Know-how
- Professionelle Dienstleister, u. a. für die Reduktion der Ansprechpartner oder Beachtung der Compliance
- Übertragung des Haftungsrisikos auf solvente Dienstleister
- Berücksichtigung der Veränderung der Arbeitswelt mit neuen Arbeitsmodellen
- Bürokratieabbau im Betrieb, unter anderem durch Wegfall:
    - Arbeitsrechtlichen Kündigungsschutzes
    - Entgeltfortzahlung im Krankheitsfall
    - Entgeltfortzahlung bei Feiertagen
    - Mindesturlaub
    - Vorschriften des Arbeitnehmerüberlassungsgesetzes
    - Kündigungsschutz
    - Elternzeit
    - Betrieblicher Mitbestimmungsrechte
    - Überschreitung von Schwellenwerten für gesetzliche Vorgaben, beispielsweise aufgrund des Betriebsverfassungsgesetzes

Wenden wir uns nun den Freelancern zu. **Gründe für die Selbständigkeit** sind unter anderem:

- Wunsch nach unabhängigem Arbeiten ohne disziplinarisch Vorgesetzen
- Freie fachliche Entfaltung durch selbstausgesuchte Tätigkeiten und Projekte
- Neue Arbeitsmodelle
- Veränderte Lebensmodelle wie regelmäßige längere Auszeiten
- Wunsch, vom Home Office oder Ausland aus tätig zu werden
- Größere Flexibilität
- Nutzung finanzieller Vorteile:
  - Erzielung hoher Stunden- oder Tagessätze
  - Keine Zwangsbeiträge in die gesetzliche Rentenversicherung
  - Wegfall der Arbeitslosenversicherung
  - Steuerliche Gründe wie Absetzen von Personenkraftwagen, Werbungskosten, Bewirtungsausgaben, Vorsteuerabzug etc.

Wesentliche Motive der Freelancer sind klar **Flexibilität und Eigenständigkeit**. In Deutschland sind die meisten aus Überzeugung Freelancer. So wollen knapp 85 % von ihnen trotz der Schwierigkeiten, welche durch den Corona-Virus hervorgerufen wurden, selbständig bleiben. Abhängig vom Skill sind sie auch der Zeit im Sinne von Home Office und Digitalisierung weit voraus. So haben Freelancer bereits vor Corona rund 60 % Ihrer Zeit nicht beim Kunden vor Ort gearbeitet (bei IT-Freelancern knapp 50 %, siehe Teil zu IT-Freelancer). 7 von 10 hatten bereits Erfahrung mit agilen Methoden. Freelancer dienen als Paradebeispiel für eine neue Arbeitswelt (Wolter 2020).

Wie bereits erwähnt hat Deutschland rund 45 Mio. Erwerbstätige, inklusive circa 4,1 Mio. Selbständige. Rund die Hälfte davon ist soloselbständig. Circa 600.000 davon arbeiten im digitalen Bereich. **Der Anteil der Selbständigen an der Erwerbsbevölkerung beträgt rund 9 %**. In Europa und der restlichen industrialisierten Welt liegt der Anteil höher, teilweise im doppelten bis dreifachen Bereich. Vieles spricht für eine Angleichung und ein Wachstum der Zahl der Selbständigen in

Deutschland. In Europa betrug das Wachstum seit 2005 über 60 %. Somit waren Selbständige die am schnellsten wachsende Gruppe des Arbeitsmarktes (Recruiting 2020).

Der durchschnittliche Freelancer hat folgende Eigenschaften:

- Abgeschlossene Ausbildung, oft mit akademischem Abschluss
- Arbeitet Vollzeit als Selbstständiger
- Berufserfahrung in Festanstellung
- Mehrjährige Tätigkeit als Selbständiger
- Im Schnitt 45 Jahre alt
- Überdurchschnittlich hohe Affinität zum Plattformwesen und sozialen Medien

Die **Einkommens- und Vermögenssituation** der Selbständigen in Deutschland ist allerdings sehr **heterogen**. Grundsätzlich sind Selbständige die Berufsgruppe mit dem höchsten Nettoeinkommen. „Das monatliche Nettoeinkommen dient als Maß für das zur Verfügung stehende Einkommen aus Erwerbstätigkeit. Um eine vertiefte Analyse der Einkommenssituation vorzunehmen, werden zusätzlich die tatsächlich zur Erzielung des Einkommens geleisteten Arbeitsstunden berücksichtigt. Entsprechend den monatlichen Nettoeinkommen liegen die mittleren Nettostundeneinkommen von Solo-Selbstständigen mit 8,65 EUR unter denen von abhängig Beschäftigten (9,72 EUR) und unter denen von Selbstständigen mit abhängig Beschäftigten (12,43 EUR) … Der Wert des mittleren monatlichen Nettoäquivalenzeinkommens zeigt, dass das verfügbare Einkommen von Solo-Selbstständigen, wenn man die Zahl der im Haushalt zu versorgenden Personen berücksichtigt, in jeder Einkommensklasse über demjenigen der abhängig Beschäftigten liegt. Für die beiden unteren Einkommensklassen ist die mittlere Höhe des monatlichen Nettoäquivalenzeinkommens sogar höher oder vergleichbar mit demjenigen von Selbstständigen mit Beschäftigten. **Insgesamt liegen Solo-Selbstständige, was das Nettoäquivalenzeinkommen angeht, zwischen den abhängig Beschäftigten und den Selbstständigen mit Beschäftigten** … Unter den Selbstständigen mit Beschäftigten findet sich mit 70 % der größte Anteil von Personen, der selbstgenutztes Wohneigentum besitzt, und mit 37 % auch der größte Anteil mit schuldenfreiem selbstgenutztem Wohneigentum. Bei den Solo-Selbstständigen sind dies jeweils nur 54 beziehungsweise 31 %, wobei beide Anteile noch über denen von abhängig Beschäftigen liegen." (Bundesministerium für Arbeit und Soziales 2018, S. 36 f). Allerdings muss betont werden, dass insbesondere bei Solo-Selbständigen eine hohe Einkommens- und Vermögensspreizung Fakt ist.

Aufgrund des Leistungsangebots der Personaldienstleister sind nicht alle Gruppen der Freelancer von Interesse. Die bestbezahltesten Freiberufler sind Notare, Patentanwälte und Zahnärzte. Sie sind ebenso wenig von Interesse wie vergleichsweise gering bezahlte Gruppen des Sport- und Freizeitunterrichts oder auch künstlerische Berufe (Focus 2020). Für **Personaldienstleister im Contracting ist grundsätzlich die Gruppe an Selbständigen von Interesse, deren Fähigkeiten für Kunden von Bedeutung sind und deren Einsatz über Dienstleister rechtskonform rentabel möglich ist.** Dies sind beispielsweise Experten aus den Gebieten IT, Life Science, Ingenieurswissenschaften, Human Resources, Marketing oder Sales. Als interessant erachte ich circa jeden vierten bis fünften Solo-Selbständigen. Diese Gruppe erzielt tendenziell hohe Stundensätze, meist deutlich über den für angestellte Arbeitnehmer geltenden Mindestlohn. Dieser soll bis „zum 1. Juni 2022 in vier Schritten auf 10,45 EUR Stundenlohn angehoben werden" (Frehner 2020).

Die größte Gruppe ist die der IT-Experten mit über 100.000 Freelancern. Sie ist auch durch mehrere Studien die am meisten bekannte und am besten erschlossene. Das Marktvolumen in Deutschland beläuft sich auf über 10 Mrd. EUR jährlich. Kunden bescheinigen IT-Freelancern hohe fachliche Kompetenz, insbesondere bei Zukunftsthemen. Ihr Anteil am Unternehmenserfolg ist sehr hoch. Anbei einige Eckdaten zu IT-Freelancern (Werte gerundet) (Freelancermap GmbH 2020):

- Die Hälfte sind über 10 Jahre selbständig tätig
- Nur 1 % würde sich nicht wieder selbständig machen
- Ein durchschnittliches Projekt dauert 10 Monate, wobei nur jeder 5te lediglich in einem Projekt pro Jahr arbeitet

- 45 h pro Woche beträgt die durchschnittliche Arbeitszeit pro Woche, jeder 20te arbeitet über 60 h
- 95 EUR als durchschnittlicher Stundensatz, nur jeder 20te erhält weniger als 50 EUR
- Im Schnitt wird 110 EUR in den Tätigkeitsfeldern SAP, Beratung und Management erzielt, am wenigsten mit circa 70 EUR in den Bereichen Medien, Content oder Graphik
- 60 % erzielten einen Umsatz (brutto) von über 100.000 EUR pro Jahr, jeder 5te von über 170.000 EUR
- 25 % erzielen ein Nettoeinkommen (bereits abzüglich Versicherungen, Büro, etc.) von über 7500 € pro Monat, jeder Dritte zwischen 5000 und 7499 €
- 1000 EUR im Monat investieren Freelancer im Monat im Schnitt für ihre Altersvorsorge, wobei Immobilien, gesetzliche und private Rentenversicherung sowie Wertpapiere die meist genutzten Formen sind

Der IT-Freelancer ist also tendenziell sehr gut verdienend und hat ein überdurchschnittliches Vermögen. Typische Merkmale für diese Gruppe sind: studiert, zwischen 41 und 60 Jahre alt und männlich. Mit letztgenannten Eigenschaften sind sie sicherlich nicht Vorreiter einer neuen Form der Arbeit. Modern und zukunftsgerichtet ist jedoch ihre Art zu Arbeiten mit Bezug auf New Work. So haben sie meistens vertraglich die Möglichkeit, unabhängig von Zeit und Ort ihre Arbeit zu verrichten. Knapp die Hälfte ihrer Zeit arbeiten IT-Freelancer bereits remote (Brand 2020). Hier ist diese Gruppe ganz klar Vorreiter einer (hoffentlich) neuen Zeit!

Den passenden und verfügbaren Freelancer zu finden ist für viele Unternehmen schwer. Dies ist ein Grund, warum sie auf Personaldienstleister zurückgreifen. Weiter können sie durch die vertragliche Zusammenarbeit mit einigen oder wenigen Personaldienstleistern den Standardisierungsgrad erhöhen, Kosten sparen, sowie die Abwicklung von Verträgen mit weniger Schnittstellen reibungsloser gestalten. Auftraggeber wünschen sich von ihrem Dienstleister neben passenden qualitativen CV-Vorschlägen klare Kommunikation, fachlich gut ausgebildete Ansprechpartner, welche kontinuierlich über Jahre zur Verfügung stehen, und selbstverständlich ein faires Preis-

Leistungsverhältnis. In den letzten Jahren haben hohe Compliance-Anforderungen an Dienstleister klar an Bedeutung gewonnen.

Freelancern ist insbesondere pünktliche Bezahlung sowie eine gut funktionierende Abwicklung, basierend auf einer partnerschaftlichen und fairen Vertragsbasis, ihrer Dienstleister wichtig.

Das Leistungsspektrum führender Personaldienstleister umfasst auch das sogenannte Onsite Management. Unter **Onsite Management** wird die dauerhafte Abwicklung von Tätigkeiten des Dienstleisters beim Kunden vor Ort durch internes Personal verstanden. Diese Arbeitnehmer des Personaldienstleisters aus Bereichen wie Administration, Distribution, Recruiting oder Vertrieb arbeiten direkt auf dem Betriebsgelände oder in unmittelbarer Nähe des Kunden. Sie sind für den Kunden, Freelancer, überlassenen Leiharbeitnehmern etc. Ansprechpartner vor Ort. Onsite Manager übernehmen in der Regel von der Bedarfsermittlung über Recruiting, Einstellung und Einführung in den Betrieb sowie in der Abwicklung viele Tätigkeiten. Diese Nähe zum Kunden und Freelancern oder auch Leiharbeitnehmern spart Reisekosten. Die Bindung an den Betrieb wird stärker. Der Kunde spart Ressourcen und kann Arbeitszeit auf seine Kernkompetenzen forcieren. Selbstverständlich rechnet sich der Aufwand für den Dienstleister nur bei einer Vielzahl von Leiharbeitnehmern oder Freelancern im Einsatzbetrieb.

Ebenso ist dies bei den Themen rund um Managed Service Providing. MSPs können sowohl onsite als auch offsite erbracht werden und stehen für eine strukturierte Steuerung hoher Volumina durch einen Dienstleister anstatt der Beauftragung einzelner Dienstleister vonseiten des Kunden.

Managed Service Providing (MSP) in Zusammenhang mit Personaldienstleistungen steht für die Steuerung von mehreren Schnittstellen zwischen Kunden und deren Lieferanten als Intermediär für externe Ressourcen durch einen Dienstleister. Die Vergabe von Aufträgen nach außen sind letztendlich immer „make or buy"-Entscheidungen – und somit auch Outsourcing, also die Verlagerung von Wertschöpfungsaktivitäten auf Zulieferer. Gründe für Outsourcing aufseiten des Kunden können unter anderem sein:

- fehlendes Personal oder Know how
- Compliance
- Kosten
- Bilanztechnik
- Konzentration auf Kernkompetenzen etc.

Auch für die bisherigen direkten Lieferanten können sich Vorteile durch den MSP ergeben. Beispielhaft genannt werden können:

- erweiterter Marktzugang
- Gutschriftverfahren
- verbesserte Zahlungsziele für höhere Liquidität
- spezielle Mehrwertprogramme des Dienstleisters mit vergünstigten Konditionen

Es darf aber auch nicht verschwiegen werden, dass der MSP häufig Kosteneinsparungsmaßnahmen umsetzen muss, welche sich in den Stunden-/Tagessätzen oder reduzierten Aufschlägen der Lieferanten wiederspiegeln.

Managed Service Providing im Zusammenhang mit Personal hat für den Kunden weitreichende Konsequenzen. Das Modell ist in der Arbeitnehmerüberlassung und im Contracting etabliert. Es gibt verschiedene Formen des Konzepts. Ein Kriterium ist die Neutralität des Dienstleisters. In vielen Fällen nimmt der Dienstleister eine hohe Neutralität ein und setzt selbst keine eigenen Leiharbeitnehmer oder beauftragte Freelancer ein. Dies wird auch als **Neutral Vendor** MSP Modell bezeichnet. Ist der Dienstleister jedoch erster Auftraggeber und gleichzeitig Hauptlieferant wird vom **Master Vendor** gesprochen. Auch aus Gründen der Neutralität gründen Personaldienstleister häufig eigene Gesellschaften für MSP.

Häufig stehen MSP-Programme auch in Kombination mit Recruitment Process Outsourcing (RPO. siehe auch Kapitel Personalvermittlung). Der Trend kommt aus den USA. Die Programme sind in der Zwischenzeit häufig multinational über mehrere Skillgebiete. Auch aus diesen Gründen ist ein strukturiertes Vorgehen nötig und umfasst mehrere, in der Regel fünf bis sieben, Phasen:

- Vorabphase: Klärung wie beispielsweise interne Kosten, Know-how, Ressourcen, Region, Skill, Vertragsform, Anforderungen an MSP
- Analyse: Ist-Aufnahme Status quo, Systeme, Prozesse, IT, Anforderungen an ausgelagerte Prozesse, Leistungsumfang, potenzielle Einsparungen etc.
- Konzeption: Optimierung Prozesse, SLA, Inhalte, Skizzierung Übergang, zeitliche Abfolge etc.
- Vertrag: Zielvereinbarungen, Rollendefinition, SLA-Festlegung, Pricing, Leistungsvereinbarung, Kennzahlen, Ansprechpartner etc.
- Transition: ideal vom Pilot für einzelne Bereiche mit raschem Übergang in vollständigen Betrieb bei häufigen Abstimmungen, begleitet von professionellem Change Management
- Produktivbetrieb: Optimierung der Leistung bei deutlich weniger Abstimmungen Kunde/Dienstleister

Wichtig ist im Produktivbetrieb auch das Unterbinden von **Maverick Buying**. Darunter versteht man die Beauftragung anderer Dienstleister, meist durch die Fachseite, am Managed Service Provider vorbei. Für den Erfolg und die volle Partizipation des Kunden vom Wissen des Dienstleisters ist eine offene und transparente Zusammenarbeit auf Augenhöhe wichtig.

Das Senior Management auf Seite des Kunden wie des Dienstleisters sollte frühzeitig eingebunden werden. Ein gezieltes clusterbasiertes Stakeholder-Management als Teil eines professionellen Change Managements ist ebenfalls wesentlicher Erfolgsbaustein. Das Outsourcing in dieser Form kann Auswirkungen auf Prozesse, Compliance, Aufbauorganisation, Betriebsrat, Mitarbeiter oder IT haben. Somit großen Einfluss bis hin zur Mitarbeitermotivation und Retention – Professionalität steht hier über allem!

Führende Dienstleistungsunternehmen in Deutschland sind im Contracting Hays, Randstad, Allgeier, ABLE Group, SThree und Etengo. Die ABLE Group ist insbesondere über die Marke FERCHAU mit ihrem Kern Ingenieursdienstleistungen sehr bekannt. Somit ist die Unternehmensgruppe ein gutes Beispiel für die fortschreitende Lockerung der Trennschärfe von Personaldienstleistungen zu IT – oder Ingenieursdienstleistern. Diese dringen immer weiter in das

Segment der Personaldienstleistungen ein. Personaldienstleister dagegen erweitern ihr Leistungsportfolio um das professionelle Angebot an Werkverträgen.

2.4 Werkvertrag und Managed Services

Werkvertrag
Werkverträge sind unverzichtbar für die deutsche Volkswirtschaft. Laut einer Untersuchung des Bundesministeriums für Arbeit und Soziales (BMAS) haben Werkverträge Effekte für deutlich über 10 Mio. Erwerbstätige und eine Wertschöpfung von fast 750 Mrd. EUR. Nahezu alle Unternehmen kommen mit Werkverträgen in Berührung, sei es als Nachfrager oder Anbieter (Bundesministerium für Arbeit und Soziales (2017, 2018), S. 55 f). Werkverträge sind täglicher Bestandteil einer funktionierenden Wirtschaft.

Malerarbeiten im Büro sind ebenso ein Gewerk wie die Anfertigung eines maßgeschneiderten Anzugs oder die Reparatur eines Personenkraftwagens. Auch eine Taxifahrt basiert durch das Erreichen des Zielortes auf werkvertraglicher Grundlage. Das Angebot von Gewerken ist der jüngste Baustein des Portfolios von Personaldienstleistern. Entstanden ist es aus Firmen mit Schwerpunkt Arbeitnehmerüberlassung in eher niedrigen Entgeltgruppen. Focus waren eher einfachere Tätigkeiten wie die Befüllung von Regalen auf werkvertraglicher Basis. In den letzten Jahren ergänzen Dienstleister im Specialist Recruitment ihr Angebot um Gewerke. Und dies auch in den Kernbereichen ihrer Kunden! Im Engineering können dies hochstehende Montagearbeiten oder Entwicklungsleistungen in der Komponentenentwicklung von Automobilherstellern sein. In der IT wird die Entwicklung ganzer Softwareprogramme an Personaldienstleister ausgelagert.

Gewerke sind eine „**make or buy**" – Entscheidung. Sie unterliegen nicht der Mitbestimmung des Betriebsrates des Auftraggebers. Der Betriebsrat hat lediglich Informationsrechte (beispielsweise über Zeitraum, Zahl Personen, Bereiche sowie Aufgaben und Tätigkeiten) und kann die Vorlage des Werkvertrages verlangen.

In der Arbeitnehmerüberlassung werden Mitarbeiter vom Verleiher an den Kunden überlassen und in die Organisation des Betriebes integriert. Im Contracting beziehungsweise bei der Verrichtung von Arbeitsleistung über Dienstverträge wird die Arbeitsleistung an sich geschuldet und der Focus liegt auf „tätig werden bzw. Erfolgsbemühen". Die Abrechnung erfolgt auf Stunden- oder Tagessatz. **Bei Werken dagegen wird der Erfolg geschuldet, der Unternehmer verpflichtet sich zur Herstellung eines versprochenen Werkes (§§ 631 f BGB).**

Die **Abrechnung** erfolgt nach Projektabschnitten oder nach Abnahme des versprochenen Werkes mit einer einmaligen Zahlung. Auch die Abrechnung nach Zeitlohn ist möglich. Somit gibt es drei Möglichkeiten der Entlohnung nach:

- **Einheitspreis (Stückpreis)**
- **Pauschalpreis**
- **Zeitaufwand**

Im Gegensatz zur Arbeitnehmerüberlassung benötigt der Unternehmer keine Genehmigung durch die Bundesagentur für Arbeit. Die Gesetze über Arbeitnehmerüberlassung finden keine Anwendung.

Die Mitarbeiter des Anbieters werden nicht in die Organisation des Kunden integriert und unterliegen nicht dessen disziplinarischen Weisungen. **Der Werkunternehmer bestimmt somit Art und Ablauf der Arbeiten selbst und teilt die Arbeiten eigenständig ein.** Er entscheidet also selbst, wie, mit wie vielen Leuten und mit welchem Zeitaufwand die Arbeit erledigt wird. Dabei werden eigene Arbeitsmittel verwendet. Entsprechende Compliance-Vorschriften sind zwingend zu beachten. Sonst droht die Gefahr der verdeckten Arbeitnehmerüberlassung. Verdeckt bedeutet, dass eine Arbeitnehmerüberlassung vorliegt, die Entleihung aber nicht als solche deklariert ist (unerlaubte Arbeitnehmerüberlassung: Verleiher hat keine Genehmigung). Es wird auch von Scheinwerkverträgen gesprochen. Sollte der Vertrag als Werkvertrag geschlossen werden, in der Umsetzung aber durch Weisungen oder Integration tatsächlich eine Arbeitnehmereigenschaft entstehen, so wird dies als verdeckte Arbeitnehmerüberlassung bezeichnet.

Gründe für die Auslagerung von Gewerken an einen Dienstleister sind unter anderem:

- Verlagerung des wirtschaftlichen Risikos, Reduktion des Unternehmerrisikos
- Flexibilität, auch bei Auftragsspitzen
- Kostenersparnis, auch über Entlastung der Administration
- Umgehung der Regulierung der Arbeitnehmerüberlassung
- Bilanztechnische Gründe
- Fehlendes Know-how

Gegenstand eines Werkvertrags kann sowohl die Herstellung oder Veränderung einer Sache als auch ein anderer durch Arbeit oder Dienstleistung herbeizuführender Erfolg sein (§ 631 Abs. 2 BGB). Geschuldet wird aber immer der **Erfolg ohne wesentliche Mängel**. Der Auftragnehmer verschafft dem Auftraggeber das Werk frei von Sach- und Rechtsmängeln. Unter diesen Voraussetzungen ist der Auftraggeber wiederum verpflichtet, das Werk abzunehmen (§ 640 BGB). Die **Abnahme** ist eine **Hauptleistungspflicht** und darf wegen unwesentlicher Mängel nicht verweigert werden. Mit Abnahme wird der Werklohn fällig (§ 632 BGB) und die Gewährleistungsfrist beginnt. Ein wesentlicher Mangel liegt vor, wenn entweder die Funktion oder der Gebrauch eines Werks stark eingeschränkt ist oder sich der Mangel nur mit erheblichem finanziellem Aufwand beseitigen lässt.

Die **Rechte des Bestellers** sind **bei einem mangelhaften Werk** in § 634 BGB aufgeführt:

- **Nacherfüllung** (§ 635)
- **Selbstbeseitigung und Ersatz der Aufwendungen** (§ 637)
- **Rücktritt** vom Vertrag (§§ 323, 326 Abs. 5, 636)
- **Minderung** der Vergütung (§ 638)
- Anspruch auf **Schadensersatz oder Ersatz vergeblicher Aufwendungen** (§§ 280 ff, 311a, 636)

Grundsätzlich haben beide Seiten das Recht auf **Vertragskündigung**. Das Kündigungsrecht des Bestellers ergibt sich aus § 648 BGB

(Bundesministerium der Justiz und für Verbraucherschutz 2020): „Der Besteller kann bis zur Vollendung des Werkes jederzeit den Vertrag kündigen. Kündigt der Besteller, so ist der Unternehmer berechtigt, die vereinbarte Vergütung zu verlangen; er muss sich jedoch dasjenige anrechnen lassen, was er infolge der Aufhebung des Vertrags an Aufwendungen erspart oder durch anderweitige Verwendung seiner Arbeitskraft erwirbt …."

Dem Besteller ist es also gestattet, den Werkvertrag jederzeit bis zur Vollendung des Werkes ohne Nennung von Gründen zu kündigen. Fälle könnten sein, das der Besteller das Interesse an der Leistung verloren hat oder die Vertrauensbasis zum Vertragspartner gestört ist (und kein Grund zur außerordentlichen Kündigung (§ 648a BGB) vorliegt).

Kündigungen ziehen oft sehr lange Streitigkeiten nach sich. Inhalt der Auseinandersetzungen ist häufig die exakte Beschreibung des Gewerkes oder die Höhe der Vergütungsansprüche des Werkunternehmers. Der Werkunternehmer muss sich jedoch die dadurch ersparten Aufwendungen anrechnen lassen.

Grundsätzlich sind Streitigkeiten zu vermeiden. In vielen Fällen wird keine der beiden Parteien nachhaltig bessergestellt. Der Werkunternehmer, also auch ein Personaldienstleister, ist von der Bezahlung abhängig und somit eher auf der schwächeren Seite.

Bei umfassenden Gewerken können mögliche Probleme bereits mit Abgabe des Angebots, und sogar früher, verringert werden durch:

- Vertrauensbasis, idealerweise entstanden durch jahrelange Zusammenarbeit, sowie eine Kommunikation auf Augenhöhe
- Genaue Definition des Ergebnisses mit sauberer Leistungsbeschreibung und/ oder detailliertem Pflichtenheft
- Vereinbarung von Teilabnahmen und darauf folgend Zahlung von Abschlägen
- Einigung auf Mitwirkungspflichten und schriftliche Dokumentation dieser
- Genaue Fixierung von Haftung und Gewährleistungen sowie Vertragsstrafen
- Schriftlicher Abschluss des Werkvertrages (gesetzlich auch mündlich möglich)

Führende Personaldienstleister führen immer häufiger Aufträge in der **Softwareentwicklung** durch. Dort setzen sich zunehmend **Agile Projektmethoden** durch. Sehr weit verbreitet ist die Methode SCRUM. Es sind Diskussionen entstanden, dass der Einsatz von Externen auch in Gewerken mit dieser Methode schwer zu vereinen ist. Dies ist nicht der Fall. SCRUM zeichnet sich durch klare Prozesse, Zuständigkeiten und Rollen der Beteiligten aus. Wichtig ist beispielsweise, dass keine Integration in die Organisation vorgenommen wird. Auch sonstige Aspekte des compliance konformen Einsatzes sollten beachtet werden (siehe hierzu auch Abschn. 2.5).

Managed Services IT
Managed Services in der IT sind ebenso wie Gewerke in der Softwareentwicklung ein vergleichsweise junger Baustein von Personaldienstleistungsunternehmen.

„Bei den Managed Services handelt es sich um Dienstleistungen aus dem IT-Bereich, die im Auftrag eines Unternehmens von einem Managed Services Provider (MSP) erbracht werden. Das **Unternehmen überträgt dem Provider wiederkehrende IT-Services**, um selbst effizienter und wirtschaftlicher zu arbeiten. … **Umfang, Art und Qualität der zu erbringenden Leistungen sind im Vorfeld exakt definiert und zwischen dem Unternehmen und Provider mit Hilfe von Service Level Agreements (SLAs) genau abgestimmt**. Die SLAs werden gemeinsam vor dem Vertragsabschluss vereinbart und stellen die Basis zur Messung und Bewertung der Leistungserbringung dar. … Gegenüber dem Outsourcing grenzen sich die Managed Services ab, indem nur Teilbereiche und keine kompletten IT-Verantwortlichkeiten und -Infrastrukturen an einen Service Provider ausgelagert sind. **Die Abrechnung der Managed Services erfolgt in der Regel auf zeitlicher Basis beispielsweise monatlich** (Luber and Karlstetter 2018)". Somit unterscheiden sich Managed Services von anderen IT-Dienstleistungen wie Consulting oder Implementierung durch die **Kontinuität** eines häufig standardisierten Produktes. Sie werden meist **Remote** (Remote Monitoring & Management (RMM)) erbracht.

Die vertragliche Basis ist meist, ebenso wie im Contracting, der **Dienstvertrag** nach § 611 BGB. Die **Vertragsdauer** ist selten unter einem Jahr und **wird mittel-bis langfristig abgeschlossen.**

Die Verantwortung für Managed Services aufseiten der Nachfrager liegt meist bei der IT-Leitung, auch wenn diese für Fachabteilungen erbracht werden. Klassisches Outsourcing umfasst die Auslagerung von IT-Aufgaben, häufig begleitet von Übertragung von Mitarbeitern und kompletten IT-Abteilungen. Dies ist wesentliches Entscheidungsmerkmal. Managed Services beziehen sich auf Teilbereiche der IT-Services mit meist mandantenfähigen Technologien. **Die Hoheit der IT-Strategie, Gesamtstruktur und Prozesse verbleibt beim Auftraggeber.**

Angebotene Dienstleistungen sind beispielweise:

- Security Services
- Collaboration & Communications
- Mobile Computing
- Storage
- Data Center
- Vorort Geräte Support
- Remote Monitoring
- Cloud Services wie SaaS (Software as a Service), PaaS (Platform as a Service) oder Infrastructure-as-a-Service (IaaS)

Gründe für die Auslagerungen vonseiten der Kunden sind unter anderem:

- Flexible Auslastung und Ressourcennutzung
- Kosten
- Planbarkeit
- Bilanzielle Gründe
- Fehlende Büroflächen
- Zunehmende Komplexität der IT
- Strategische Ausrichtung der IT weiterhin intern
- Spezifische Security-Lösungen
- Garantierte Servicequalität

- Moderne technische Infrastruktur
- Know how der Dienstleister
- Planungssicherheit
- Entlastung der Administration
- Fehlende personelle Ressourcen
- Konzentration auf das Kerngeschäft

Ein entscheidendes Risiko kann eine mögliche Abhängigkeit vom Managed Service Provider, insbesondere bei unternehmenskritischen Applikationen und Leistungen, sein. Die lange Vertragslaufzeit kann bei Unzufriedenheit der Leistungserbringung ein Risiko darstellen. Ein Wechsel des Dienstleisters ist vertraglich wie auch bei der Übertragung nur unter erschwerten Umständen möglich.

Auch aus diesen Gründen gilt es Fehler bei der Ausschreibung dringend zu vermeiden. Eindeutige und faire Verträge sind Grundbaustein der Zusammenarbeit. Bei der Vertragsgestaltung ist aber ebenso wichtig, Möglichkeiten neuer Optionen im Sinne „atmender" Verträge einzubauen. Weitere **Erfolgsfaktoren** für einen für beide Seiten zufriedenstellenden Managed Services sind unter anderem:

- Aktive Beteiligung der Geschäftsführung des Kunden
- Einbindung von Fach- und IT-Abteilungen beim Kunden
- Feste ideal lokal erreichbare Ansprechpartner mit entsprechenden Kompetenzen auf beiden Seiten
- Fit von Kunde und Dienstleister, auch auf persönlicher Ebene der Ansprechpartner
- Partnerschaftliche Zusammenarbeit auf Augenhöhe
- Proaktive und offene Ansprache von Problemen
- Lösungsorientierte Grundeinstellungen
- Klare Definition der Services und Service Level Agreements (SLAs)
- Regelmäßige Überprüfung der SLAs und Ableitung von Verbesserungen

Weltweit größte klassische Anbieter sind Amazon Web Services, Google, Microsoft, Alibaba oder Computacenter. Auch deutsche eher mittelständisch geprägte Anbieter wie Bechtle, CANCOM oder CEMA erreichen sehr gute Beurteilungen. Vergleichsweise kleine Systemhäuser erzielen ebenfalls Erfolge. **Managed Services sind ein Wachstumsmarkt.** Die Anforderungen an die IT steigen weiter. Digitalisierung, Agilität, Flexibilität, Skalierbarkeit, effiziente Prozesse rund um Kunden und Zulieferer sind neben weiter steigenden Security Anforderungen Herausforderungen des Segments. Technologietrends wie die zunehmende Verbreitung von Public Cloud begünstigen das Wachstum von Managed Services.

Was sind die besonderen **Stärken der Personaldienstleister** in diesem Markt? IT-Landschaften werden zunehmend komplexer und erfordern immer detaillierteres Spezialisten-Know-how. Auch klassische sehr große IT-Dienstleister können kaum alle gefragten Skills auf aktuellem Stand zu jedem Zeitpunkt anbieten. Weiter ist der Anbietermarkt durchaus mittelständisch geprägt. Hier kommen Personaldienstleister ins Spiel. Mittelständische Systemhäuser haben, häufig aufgrund nicht immer professioneller Mitarbeiter im Vertrieb, beschränkten Kundenzugang. Eine Stärke führender Personaldienstleister ist, neben **professionellem Vertragsmanagement** und **finanzieller Solvenz**, eben **Sales** und **Kundenzugang**. Und dies insbesondere bei Großkonzernen. Personaldienstleister können somit als verlängerter Vertriebsarm der Systemhäuser agieren. Argumente Richtung Kunde sind insbesondere die **Fähigkeit der Suche von Skills sowie hohe Prozesskonformität**. Diese Stärken werden von Kandidaten auf IT-Unternehmen übertragen. Personaldienstleister rekrutieren in diesem Fall also statt Menschen Unternehmen. Insofern haben Personaldienstleister die Fähigkeit, über Systemhäuser aktuelle und schwer verfügbare Skills zu liefern. Sie agieren häufig als 3rd party Anbieter. Sie schließen mit Kunden Managed Service Verträge und beauftragen für die Durchführung wiederum IT-Dienstleister als Subunternehmer. Personaldienstleister searchen und wählen die passgenauen Partner aus, **reduzieren** für Kunden **Schnittstellen, sparen Zeit und Administration**.

Mehrere Gründe sprechen für Personaldienstleister im Managed Service Markt. Trotz der Chancen muss der Schritt gut überlegt und vorbereitet sein. Eine Integration in die bisherige Aufbau- und Ablauforganisation wird vermutlich nicht erfolgreich sein. Die Gründung einer eigenständigen Gesellschaft, eventuell als eine gemeinsame Rechtseinheit auch für Werkverträge, empfiehlt sich. Personaldienstleister benötigen ein eigenständiges neu aufgebautes Controlling und Quality Management. Ebenfalls sind spezifisch ausgebildete Mitarbeiter für diese Einheit Grundvoraussetzung. Die Rekrutierung des Personals und auch die Bonifizierung dieser neuen Mitarbeiter unterscheiden sich vom bisherigen Stamm. Aber auch im Vertrieb für die Akquise der Aufträge wie auch für die Abwicklung der Verträge werden andere Mitarbeiterprofile benötigt. Personaldienstleister werden sich im Managed Services an vergleichsweise lange Sales-Zyklen und andere Konkurrenten gewöhnen müssen. Mit der Vertragsunterschrift beginnt die eigentliche Arbeit erst – und wird bei fast allen Aufträgen erst mal weiter Geld kosten. Managed Services amortisieren sich in der Regel mit der Vertragslaufzeit, häufig erst über Jahre. Managed Services sind ein erhebliches Investment mit entsprechenden finanziellen Mitteln. Den Schritt zu Managed Services wie auch professionellen hochstehenden Werkverträgen sollten sich Personaldienstleister wirklich gut überlegen!

2.5 Rechtliche Risiken und Compliance konforme Vorgehensweisen

Die verschiedenen Vertragsarten bergen für alle Beteiligten sehr unterschiedliche Risikofaktoren. Die **rechtlichen Risiken in der klassischen Personalvermittlung sind gering**. Gerichtliche Auseinandersetzungen oder Abmahnungen betreffen meist die Direktansprache des Kandidaten am Arbeitsplatz, die EU-Datenschutzgrundverordnung (EU-DSGVO) oder die Verweigerung der Zahlung von Provisionen.

Theoretisch möglich ist auch ein **Auswahlverschulden**. Dies bedeutet, dass bei der Auswahl des Kandidaten grobe Fehler und falsche Angaben gemacht wurden. Beispielsweise kann dies ein abgeschlossenes Studium mit Titel als Angabe, ohne dass der Abschluss erreicht wurde, sein. Da der Kunde jedoch direkt die Einstellung vornimmt und häufig Zeugnisse anfragt, sind Fälle dieser Art selten. Viele AGBs sehen nur vorsätzliches und grob fahrlässiges Auswahlverschulden als Haftung vor, nicht jedoch einfache Fahrlässigkeit.

In der **Arbeitnehmerüberlassung** ist ebenfalls ein Auswahlverschulden möglich, beispielsweise bei der expliziten Anfrage nach einem Leiharbeitnehmer mit Staplerschein. Bei Antritt oder während der Arbeit stellt sich heraus, dass der Leiharbeitnehmer den Schein nicht vorweisen kann. Solche Fälle werden aber richtigerweise meist auf kleinem Dienstweg geregelt und der Leiharbeitnehmer durch einen anderen ersetzt.

Die Arbeitnehmerüberlassung ist eine der am strengsten regulierten Branchen. Im **Arbeitnehmerüberlassungsgesetz sind viele Vorschriften geregelt** und **in vielen Paragraphen bereits Strafzahlungen gegen Verstöße angegeben** (siehe Abschn. 2.1). Wichtig: diese Zahlungen beziehen sich immer auf den Einzelfall, pro Überlassung! Somit können sich hohe Forderungen summieren. Ebenso kann die Erlaubnis zur Arbeitnehmerüberlassung entzogen werden und somit die Geschäftsgrundlage gefährdet sein. **Existenzgefährdungen** entstehen rund um die **komplexen Themengebiete der Scheinselbständigkeit**. Die Konsequenzen sind in Teilen auch im Arbeitnehmerüberlassungsgesetz normiert.

Der rechtskonforme und zielgerichtete Einsatz von Fremdpersonal im Kundenbetrieb ist sehr wichtig. Besonders hervorzuheben sind die **Abgrenzungen zwischen Dienst-und Werkverträgen und der Arbeitnehmerüberlassung aus Gründen der Scheinselbständigkeit**. Wichtig: nicht die Überschrift oder der Inhalt des Vertrages zählen, sondern wie die tatsächliche Ausübung des Vertragsverhältnisses in der täglichen Praxis gelebt wird. Eine grundsätzliche **Übersicht der Risiken bezüglich des Einsatzes externer Mitarbeiter im Betrieb** ist in Abb. 2.3 dargestellt.

Scheinselbständige sind Personen mit unklarem sozialrechtlichen Status. Dieser Zustand besteht über einen Zeitraum. Mit Klärung des Status werden die Personen entweder als Selbständige oder Arbeitnehmer eingestuft. Diese Klärung kann für alle Beteiligten enorme

	Werk/ Dienstvertrag	Arbeitnehmerüberlassung
Rechtliche Grundlagen	§631 ff./§611 ff. BGB	Arbeitnehmerüberlassungsgesetz (AÜG)
Sozialversicherung	Sozialversicherungsbetrug bei Scheinselbstständigkeit (§ 266a StGB)	Haftung für Sozialversicherungsbeiträge, die vom Verleiher nicht abgeführt wurden (§ 28e II SGB IV und § 150 III SGB VII)
Steuerrecht	Unrechtmäßiger Vorsteuerabzug/ unterlassene Lohnsteuerzahlung bei Scheinselbstständigkeit	Haftung für Lohnsteuer, die vom Verleiher nicht abgeführt wurde. (§ 42d III EstG)
Arbeitsrecht	Begründung eines rückwirkenden Arbeitsverhältnisses bei Scheinselbstständigkeit oder „verdeckter Arbeitnehmerüberlassung" ohne AÜ-Erlaubnis (§ 7 I Satz 2 SGB IV)	Begründung eines Arbeitsverhältnisses bei fehlender AÜ-Erlaubnis (§§ 9, 10 AÜG)
Mitbestimmungsrecht	Unterlassene Informationspflicht bei Einsatz von Werkverträgen (§ 80 II BetrVG) / Begründung einer Mitbestimmungspflicht bei Scheinselbstständigkeit (§ 99 BetrVG)	Unterlassene Einbindung des Betriebsrates (§ 99 BetrVG, § 14 III AÜG)
Gleichstellungsgrundsatz	Begründung eines rückwirkenden Arbeitsverhältnisses bei Scheinselbstständigkeit (§ 7 I Satz 2 SGB IV)	Nachzahlungspflicht bei unterlassenem Equal Pay
Anti Terror Compliance (insbesondere bei kritischen Infrastrukturen)	Verstoß gegen Bereitstellungsverbot (Geschäftsbeziehung zu Personen/ Institutionen auf Anti-Terror-Listen) durch unterlassenes Compliance Screening (§ 34 AWG, § 130 OWIG, § 14 StGB)	
Datenschutz	Unterlassene Anwendung der DSGVO hinsichtlich Speicherung, Nutzung und Übermittlung von Daten	

Abb. 2.3 Rechtsrisiken beim Einsatz externer Mitarbeiter

finanzielle bis hin zu strafrechtlichen Folgen haben. Aufgrund der Dimensionen werden wir dies näher betrachten.[1]

Mit den Reformen aus 2017 gibt es aus dem Arbeitnehmerüberlassungsgesetz durch Wegfall der „Fallschirm-Lösung", auch „Vorratserlaubnis" genannt, eine weitreichende Änderung für die Beteiligten. Prüfungen werden rückwirkend über einen Zeitraum von vier Jahren nach Ablauf des Kalenderjahres, in dem sie fällig geworden sind, durchgeführt. Dienstleister, welche Dienst- oder Werkverträge mit dem Kunden abgeschlossen haben, hatten in vielen Fällen die Erlaubnis zur Arbeitnehmerüberlassung. Wurde die Tätigkeit im Kundenbetrieb als nicht selbständig eingestuft, so wurde der vermeintliche Freelancer rückwirkend zum Arbeitnehmer des Personaldienstleisters. Zum Schutz des Kunden war diese Erlaubnis der „Fallschirm". Dienstleister hatten quasi auf Vorrat die Lizenz, meist ohne diese aktiv nutzen zu wollen. Mit den Reformen wurde dieser Zustand geändert. Als **Konsequenz der Einschätzung „Arbeitnehmer bzw. nicht Selbständig"** entsteht nun ein **Arbeitsverhältnis zwischen dem Arbeitnehmer („vermeintlichen Freelancer") und dem Einsatzbetrieb.** Der (vermeintliche) Freelancer könnte innerhalb eines Monats bei der Bundesagentur für Arbeit widersprechen und wäre dann rückwirkend beim Dienstleister angestellt. Das **Risiko hat sich aber grundlegend vom Dienstleister auf den Kunden verlagert.**

Im Gegensatz zum Selbständigen ist der **Arbeitnehmer** (§ 611 a BGB) in **persönlicher Abhängigkeit, weisungsgebunden und fremdbestimmt.** Wird ein Werk-oder Dienstvertrag geschlossen, die Subunternehmer aber wie Arbeitnehmer behandelt, im Wesentlichen also in die Arbeitsorganisation integriert und Weisungen erhaltend, so betrifft dies verschiedene Rechtsgebiete. Diese sind unter anderem die Arbeits- und Steuergesetze sowie die Sozialversicherungsrechte. Diese Rechtsverordnungen sind in der Definition jedoch nicht einheitlich und

---

[1] Zur Vervollständigung wird der arbeitnehmerähnliche (auch rentenversicherungspflichtige) Selbständige nach § 2 Nr. 9 SGB VI genannt. Diese sind Selbständige ohne Arbeitnehmer, welche auf Dauer nur für einen Auftraggeber arbeiten und somit wirtschaftlich abhängig sind. Sie haben Anspruch auf gesetzlichen Urlaub und unterliegen der Rentenversicherungspflicht.

werden unterschiedlich hergeleitet. Weiter haben sie nicht die gleichen Konsequenzen, was die Thematik mehr als verkompliziert. Auch aufgrund des Umfangs des Buches kann das **Thema nur in Ansätzen vorgestellt werden.**

Wir betrachten die Sozialgesetzgebung. Hier ist § 7 Abs. 1 SGB IV ein wesentlicher Paragraph (Bundesministerium der Justiz und für Verbraucherschutz 2020): „Beschäftigung ist die nichtselbständige Arbeit, insbesondere in einem Arbeitsverhältnis. Anhaltspunkte für eine Beschäftigung sind eine **Tätigkeit nach Weisungen** und eine **Eingliederung in die Arbeitsorganisation** des Weisungsgebers."

Die Einschätzung der Selbständigkeit nimmt für jeden konkreten Einzelfall die **Deutsche Rentenversicherung** vor. Im konkreten Einzelfall bedeutet: für jeden Freelancer jedes einzelne Projekt, und für jedes Unternehmen jeden einzelnen Freelancer. Hinzu kommt für jeden einzelnen Fall noch der Zeitpunkt, da sich die Umgebung während des Vertrages ändern kann und unterschiedliche Prüfungszeitpunkte zu unterschiedlichen Ergebnissen führen können. Der Ersteinschätzung kann widersprochen werden. Die Clearingstelle der Deutschen Rentenversicherung nimmt folgend eine zweite Einschätzung vor. Sollte diese nicht den Vorstellungen der Beteiligten entsprechen, muss der Sachverhalt gerichtlich geklärt werden, was in den meisten Fällen im Sinne des Klägers ausfällt. Allerdings ziehen sich die Verfahren häufig über viele Jahre. Hier wird nach persönlicher Meinung des Autors klar, dass dieses System weder effektiv noch effizient sein kann. Die Betrachtungen sind rückwirkend und führen in einer Vielzahl der Fälle nachweislich zu falschen Ergebnissen.

Zum sogenannten **Statusfeststellungsverfahren** kann es auf unterschiedlichen Wegen kommen, unter anderem durch den Zoll in Form einer Betriebsprüfung oder durch die Finanzkontrolle Schwarzarbeit. Diese melden Verdachtsmomente direkt an die Rentenversicherung. Deren Clearingstelle nimmt die Einschätzung anhand von Indizien vor, welche für oder gegen ein Arbeitsverhältnis sprechen.

Wichtig ist es sowohl für den Freelancer, als auch für das Einsatzunternehmen sowie einem eventuell als Vertragspartner zwischengeschalteten Dienstleister, Indizien für **Selbständigkeit des**

Tab. 2.2 Indizien und Maßnahmen, welche auf Selbständigkeit im hinweisen

Freelancer	Dienstleister	Kunde
Freie Gestaltung Tätigkeit	Rechtsichere Verträge	Keine Weisungen
Freie Zeiteinteilung	Keine Exklusivbindung	Keine Integration
Eigene Visitenkarten	Honorarhöhe Freelancer	Räumliche Trennung
Social Media Aktivitäten	Schulung Personal	Schulung Mitarbeiter
Unternehmerisches Risiko	Compliance System	Compliance System
Versicherungen Selbständiger	Prüfungsabteilungen	Andere Tätigkeiten zulassen
Eigene IT Infrastruktur	Auswahl Projekte	Aufgabenbeschreibung
Eigenes Büro	Vorbild Management	Keine Vergünstigungen
Social Media Aktivitäten	Code of Conduct	Support Remotearbeit
Mehrere Auftraggeber	Projektbegleitung	Höhe Stundensätze

Freelancer im Projekteinsatz zu beachten, zu sammeln, und dies auch zu dokumentieren. Diese Maßnahmen bzw. **Indizien ergeben in Summe ein Gesamtbild** des Einsatzes des Freelancers zu dem Zeitpunkt oder Zeitraum in diesem spezifischen Kundenprojekt. Indizien dieser Art sind in Tab. 2.2 ohne Anspruch auf Vollständigkeit aufgelistet, die Erläuterung dieser würde den Rahmen des Buchs sprengen.

Die Rechtsfolgen aus Scheinselbständigkeit bzw. die Einstufung als Arbeitnehmer können alle drei Parteien aus unterschiedlichen Rechtsgebieten betreffen. Mindestlohn, Mutterschutz, Urlaub, Kündigungsschutz bis hin zum Straftatbestand der Hinterziehung von Sozialversicherungsbeiträgen werden untersucht. Wechselseitige Forderungen zwischen den Parteien und zum Staat können entstehen.

In den meisten Fällen würde eine gesamtschuldnerische Haftung über einen Zeitraum von **vier Jahren nach Ablauf des Kalenderjahres**, in dem sie fällig geworden ist, entstehen. Es summieren sich

- Sozialversicherungsbeiträge (Krankheit, Pflege, Arbeitslosigkeit, Rente, Unfall), zusätzlich ein
- Säumniszuschlag von 12 % jährlich, mögliche
- Strafzahlungen sowie
- Kosten aus den Verfahren.

So können für die betroffenen Parteien bei absolut marktüblichen Konditionen des Freelancers über den Zeitraum leicht Forderungen von über einer viertel Million Euro entstehen. Bedenkt man, das viele Großunternehmen hunderte von Freelancern zeitgleich im Einsatz haben, wird das Risiko eines Verhaltens, welches nicht den Compliance-Anforderungen entspricht, umso deutlicher.

Für alle Parteien ist es also sehr wichtig, die Spielregeln im Sinne der Compliance zu beachten. Sowohl Dienstleister als auch deren Kunden sollten ein **Compliance Management System** einführen.

Führende Personaldienstleister haben bereits zum Schutze aller Beteiligten **Systeme und spezifische Ansprechpartner** installiert. Pflichtbewusste Dienstleister haben Mitarbeiter, insbesondere im Vertrieb, sensibilisiert und geschult. Dies beginnt bereits bei der Einpflege von Daten des Freelancers und der Auseinandersetzung bezüglich Kriterien der Selbständigkeit.

Aufseiten des Kunden sollte bereits vor Anfrage der externen Leistung eine Bewertung der korrekten Vertragsart anhand fester Kriterien stattfinden, dokumentiert, und dann selbstverständlich auch mit der Weitergabe an den Dienstleister umgesetzt werden. Die Mitarbeiter im Vertrieb des Dienstleisters sollten die Anfrage anhand von Kriterien wie Aufgabe, Möglichkeit Remote-Arbeit, Stundensatz etc. bewerten. Viele Dienstleister bieten einige Jobrollen mit hoher Gefahr der Integration in den Kundenbetrieb nicht mehr über Dienstverträge, sondern nur noch über Arbeitnehmerüberlassung an.

Vor Vertragsschluss werden der ausgewählte Freelancer und die Projektumgebung nochmals gecheckt und bewertet. Die Dokumentation erfolgt idealerweise über ein automatisiertes Freigabe-Tool. Während der Vertragslaufzeit sollte die Projektbegleitung in Bezug auf Compliance gegeben sein. Die Abstimmung erfolgt sowohl mit dem Kunden als auch dem Freelancer. Die Sensibilisierung zu dem Thema sollte konstant hoch gehalten werden. Bei führenden Dienstleistern begleiten dies speziell geschulte Mitarbeiter. Die Stellen sind idealerweise organisatorisch nicht dem Vertrieb unterstellt. Somit wird eine gewisse Unabhängigkeit und Neutralität gewahrt.

Seriöse Dienstleister sind im Umfeld Compliance sehr gut aufgestellt. Sie sind echter Partner der Freelancer und Kunden. Idealerweise haben sie neben der ISO 19600 eine Compliance-Zertifizierung nach TR CMS 101:2015. Diese Kompetenz sollte von Freelancer wie Kunde beachtet und genutzt werden.

Führende **Anwaltssozietäten** für Arbeitsrecht wie CMS oder Taylor Wessing bieten ganzheitliche Beratungen sowie **Legal-Tech-Lösungen** für Einschätzungen des Einzelfalles an. Diese basieren meist auf einem Scoring-System. Nach Meinung des Autors sollte sich jeder Kunde ein Bild machen, wie der Personaldienstleister seine Compliance-Fähigkeiten darstellt, und welche zusätzlichen Leistungsangebote wie Mitarbeiterschulungen oder die Durchführung von Workshops beim Kunden diese umfassen. Im Anschluss sollte ein Vergleich mit den Leistungen und Kosten von Anwaltssozietäten stattfinden und die Entscheidung für eine individuell passende Lösung gefällt werden. Ziel sollte es sein, über einen längeren Zeitraum partnerschaftlich und auf Augenhöhe in den Themengebieten der Compliance zusammen zu arbeiten.

Bereits mit der **Ausschreibung** eines Projektes sollte der **Kunde** die passende Vertragsart wählen. Dies beginnt bereits mit einer **ausführlichen Aufgabenbeschreibung**. Gerichtliche Entscheidungen weisen auf die Notwendigkeit ausführlicher Beschreibungen der Aufgaben bei Dienstverträgen hin. Während früher die Aufgabenbeschreibungen bewusst kurz gehalten wurden, sollte mittlerweile der Dienstleister in Abstimmung mit dem Kunden für die gesamte Laufzeit des Vertrages eine genaue Leistungsbeschreibung aufsetzen. Im Idealfall kann der Subunternehmer/Durchführende ohne weitere Nachfragen die Aufgabe greifen und umsetzen.

In Abb. 2.4. am Beispiel von Lünendonk ist ein sinnvolles Beispiel für die korrekte Beauftragung abgebildet.

Lünendonk hat wesentliche Aspekte abgedeckt. **Ausgehend vom Bedarf der Fachseite, durch ein Compliance System mit einem fest geregelten Workflow unterstützt und bei eindeutigem Ergebnis den Bedarf direkt an die richtige Stelle zu lenken ist der richtige Ansatz**. Ebenso schlüssig ist ein aus **verschiedenen fachkundigen Abteilungen zusammengesetztes Complianceboard** zur Klärung nicht eindeutiger Fälle.

Ein **Compliance Management System** ist für die Erfassung, Bewertung, zielgerichtete Umsetzung und Dokumentation der Risikomerkmale

2 Vertragsarten und Compliant Sourcing

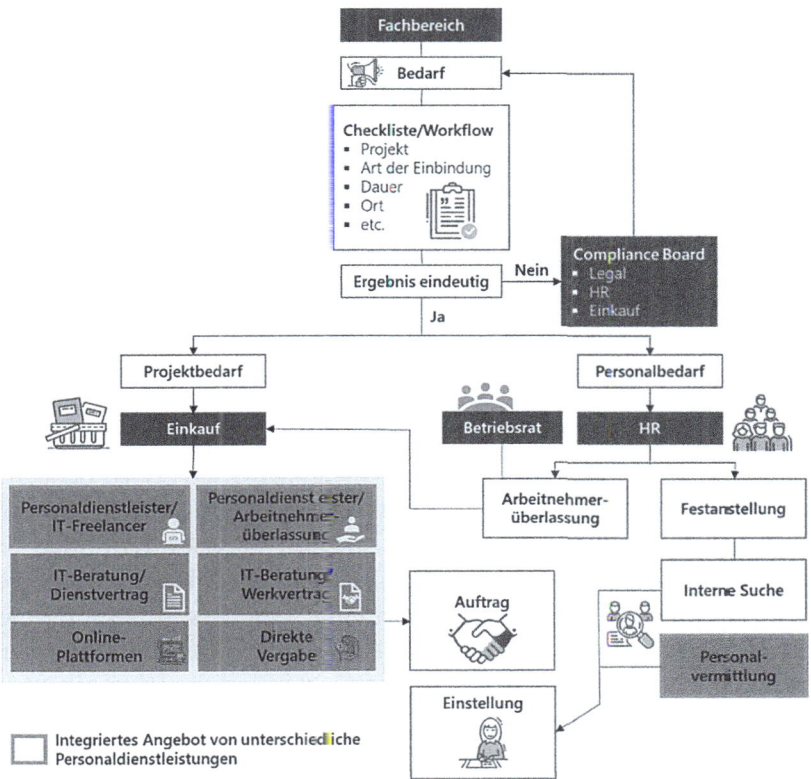

Abb. 2.4 Darstellung eines beispielhaften Vergabeprozesses

wichtig. Es schützt alle Beteiligten bis hin zu Geschäftsführern oder Unternehmensinhabern, das Risiko möglicher ungewollter Einstellungen, Nachzahlungen und persönlicher strafrechtlicher Folgen zu minimieren. Bei Überlegungen zur Einführung sollte rückwirkend für vier Jahre eine Analyse der einzelnen Selbständigen und deren individuellen Arbeitsumgebungen durchgeführt werden. Wichtig ist ebenso, ob diese direkt oder über einen Dienstleister beauftragt sind. Wichtig: bei der Einführung sollte nach vorne geschaut werden. Bitte keine strittigen Fälle aus der Vergangenheit einbeziehen und dokumentieren. Ein Scoring-System mit gewichteten einzelnen

Kriterien sollte vor jeder neuen Beauftragung eine Einschätzung zur Art der Beauftragung geben. Eine unabhängige Abteilung oder ein Compliance Board sind wichtig bei strittigen Fällen und dienen auch als Kontrollinstanz, ob das System in der Praxis gelebt wird und eben nicht nur auf dem Papier existiert. Weiter ist es für die Weiterentwicklung und Prüfung des Systems Ansprechpartner, da die Kriterien von Zeit zu Zeit möglicherweise neu bewertet werden sollten.

Zusammenfassend ist ein Compliance konformer Einsatz externer Mitarbeiter für alle Beteiligten sehr wichtig. Das juristische Konstrukt ist offensichtlich zu komplex. Der Bezug zu unterschiedlichen Gesetzen verkompliziert dies zusätzlich. Die rückwirkende Klärung eines Zeitpunktes oder kurzen Zeitraumes ist unbefriedigend. Das System ist weder effektiv noch effizient. Verbände wie der der Verband der Gründer und Selbstständigen Deutschland (VGSD) e. V. oder der Bundesverband Selbständige Wissensarbeit fordern deshalb ein Umdenken hin zu **Positivkriterien. Darunter versteht man, dass bei Vorliegen mehrerer Kriterien auf Selbstständigkeit beschieden wird.** Und zwar nicht nur für den Zeitraum eines Projektes, sondern grundsätzlich. Die branchenübergreifenden Kriterien könnten unter anderem sein (Lutz 2019):

- Honorarhöhe
- Altersvorsorge
- Arbeitgebereigenschaft
- Gesellschafter einer Kapitalgesellschaft
- Vorhandensein einer Berufshaftpflichtversicherung
- Anzahl und Größe der Aufträge

Die Deutsche Rentenversicherung ist Prüfer und Nutznießer gleichzeitig, was zu Interessenskonflikten führen kann. Deshalb sollte eine andere Stelle prüfen. Rechtliche Sicherheit, und zwar auch in der Zukunft gedacht, ist für alle Beteiligte wichtig!

> **Ihr Transfer in die Praxis**
> - Gleichen Sie die Wünsche bestehender und potentieller Kunden mit Ihrem Leistungsportfolio ab
> - Entwickeln Sie ein Gespür für wichtige Vertragsarten
> - Verinnerlichen Sie die Wichtigkeit von Compliant Sourcing für alle Marktteilnehmer
> - Erarbeiten Sie Strategien für die Zukunft
> - Kommunizieren Sie Ihre komparativen Konkurrenzvorteile aktiv

Literatur

Alexandra Straush (24./25. Oktober 2020). *Roboter als Personaler.* Süddeutsche Zeitung Nr. 246, S. 59

Althanas C (2020) Leere Stühle sind richtig teuer. Haufe-Lexware GmbH & Co. KG, BMJV. https://www.haufe.de/personal/hr-management/was-kostet-recruiting-leere-stuehle-sind-richtig-teuer_80_504444.html?xing_share=news. Zugegriffen: 30. Okt. 2020

Bundesministerium der Justiz und für Verbraucherschutz: Gesetze im Internet. https://www.gesetze-im-internet.de/. Zugegriffen: 30. Okt. 2020

Brand B (2020) Wie relevant wird Remote Working in der Zukunft für IT-Freelancer werden? IT Freelancer Magazin. Zugegriffen: 30. Okt. 2020

Bundesministerium für Arbeit und Soziales (2017) FORSCHUNGSBERICHT 496, Verbreitung, Nutzung und mögliche Probleme von Werkverträgen – Qualitative Betriebsfallstudien, Berlin

Luber S, Karlstetter F (2018) Was sind Managed Services? https://www.cloud-computing-insider.de/was-sind-managed-services-a-722660/. Zugegriffen: 30. Okt. 2020

Bundesministerium für Arbeit und Soziales (2018) FORSCHUNGSBERICHT 514, Selbstständige Erwerbstätigkeit in Deutschland, Berlin

Bundesagentur für Arbeit (2019). Fachliche Weisungen Arbeitnehmerüberlassungsgesetz (AÜG), Nürnberg

Bundesministerium für Arbeit und Soziales (2020) FORSCHUNGSBERICHT 546, Begleitevaluation der arbeitsmarktpolitischen Integrationsmaßnahmen für Geflüchtete – Zweiter Zwischenbericht –, Berlin

Bundesverband für selbständige Wissensarbeit (2019) Eine Studie belegt: Freelancer steigern die Produktivität und schaffen Arbeitsplätze. https://www.xn--selbstndige-wissensarbeit-qec.de/neuigkeiten/studie-belegt-freelancer-steigern-produktivitaet-und-schaffen-arbeitsplaetze/. Zugegriffen: 30. Okt. 2020

Focus (2020) Große Einkommenskluft - Selbstständige sind Spitzenverdiener der Deutschen – eine Gruppe hat besonders viel. https://www.focus.de/finanzen/karriere/grosse-einkommenskluft-selbststaendige-sind-die-spitzenverdiener-unter-den-deutschen-eine-gruppe-hat-besonders-viel_id_11119898.html. Zugegriffen: 30. Okt. 2020

Freelancermap GmbH (2020) Freelancer Kompass 2020, Nürnberg

Frehner M (2020) Gesetzliche Lohnuntergrenze: Dieser Mindestlohn gilt 2020, 2021 und 2022 in Deutschland. https://www.deutsche-handwerks-zeitung.de/dieser-gesetzliche-mindestlohn-soll-ab-2019-gelten/150/11266/365822. Deutsche Handwerkszeitung. Zugegriffen: 30. Okt. 2020

Freimark AJ (2019) Studie IT-Freiberufler 2019. IDG Research Services, München

Kaufmann K, Schwengler B, Wiethölter D (2019) Die Bedeutung von Helfertätigkeiten ist regional sehr unterschiedlich, In: IAB-Forum 6. November 2019. https://www.iab-forum.de/die-bedeutung-von-helfertaetigkeiten-ist-regional-sehr-unterschiedlich.IAB-Forum. Zugegriffen: 30. Okt. 2020

Lutz A (2019) Sechs Lösungsansätze zur Überwindung der bestehenden Rechtsunsicherheit – Welche bringen am meisten? https://www.vgsd.de/sechs-loesungsansaetze-fuer-eine-ueberwindung-der-bestehenden-rechtsunsicherheit/. Zugegriffen: 30. Okt. 2020

Recruiting (2020) Personalwirtschaft, Nov. 2020

Rupp A (2020) Trotz, oder wegen Corona-Krise: 84 Prozent der Freelancer wollen keine Festanstellung. Malt Community GmbH. https://news.malt.com/de/2020/07/08/bereit-fuer-die-arbeitswelt-der-zukunft-malt-stellt-die-tech-trends-studie-vor-2-2/. Zugegriffen: 30. Okt. 2020

Statistik der Bundesagentur für Arbeit (2020) Berichte: Blickpunkt Arbeitsmarkt – Entwicklungen der Zeitarbeit, Nürnberg, Juli 2020

Statistik der Bundesagentur für Arbeit (2021) Berichte: Blickpunkt Arbeitsmarkt – Entwicklungen der Zeitarbeit, Nürnberg, Januar 2021

Statisches Bundesamt (Destatis) (2020) Verdienststrukturerhebung Niveau, Verteilung und Zusammensetzung der Verdienste und der Arbeitszeiten abhängiger Beschäftigungsverhältnisse - Ergebnisse für Deutschland, Wiesbaden

Weller K, Kirchner J, Fedossov A (2020) Arbeitsmarkt-Studie, Hamburg

Wolter U (2020) Freelancer – Vorbild für die neue Arbeitswelt?. https://www.personalwirtschaft.de/der-job-hr/arbeitswelt/artikel/freelancer-sind-laut-einer-studie-vorbild-fuer-die-neue-arbeitswelt.html. Zugegriffen: 30. Okt. 2020

3

Wissenswertes

> **Was Sie aus dem Kapitel mitnehmen:**
>
> - Welche Interessenvertretungen in der Personaldienstleistungslandschaft führend sind
> - Welche Qualitätsstandards und Normen zur Attraktivität auf dem Markt beitragen können
> - Welche Berufsbilder bzw. Ausbildungen in den Core Segmenten der Dienstleistung unter anderem angeboten werden
> - Was die Besonderheiten von Crowdworking und Plattformen sind
> - Warum Google for Jobs den Erfolg nachhaltig beeinflussen kann

3.1 Interessensvertretungen

Verbände als Interessenvertreter in der sehr heterogenen Branche der Personaldienstleistungen legen besonderen Focus auf Qualität, Prozesse und ethische Standards in der Arbeit mit Kunden, Kandidaten, internen Mitarbeitern, Zeitarbeitnehmern sowie im Wettbewerb untereinander. Sie leisten wichtige politische Arbeit.

Eine weltweite Vertretung der hochstehenden Personalberatung für Top-Positionen ist der **Association of Executive Search Consultants (AESC)**. Der **European Confederation of Search and Selection Associations (ECSSA)** vertritt die Interessen nationaler Verbände auf europäischer Ebene. Hauptziele sind die Weiterentwicklung von Standards in der Suche und Auswahl bei der Rekrutierung durch Personaldienstleister für Festanstellung. Deutschland ist in diesem Gremium durch den **Bundesverband Deutscher Unternehmensberater BDU e. V.** vertreten. Der BDU hat mehrere Fachverbände, darunter einen für Personalberater mit Fokussierung auf Suche und Auswahl von Führungskräften sowie Spezialisten. Dem BDU sind neben rechtlichen Fragestellungen insbesondere auch Qualitätsstandards und neue Entwicklungen wie Diagnostiktools wichtig.

Auf nationaler Ebene nehmen in der Personalberatung neben dem **Bundesverband der Personalmanager (BPM)** auch der **Bundesarbeitgeberverband der Personaldienstleister e. V. (BAP)** Einfluss. Der Bundesverband der Personalmanager (BPM) als berufsständische Vereinigung von Personalmanagern und Personalverantwortlichen kooperiert mit dem BDU. Gemeinsam haben sie einen Leitfaden für Prozesse und Standards in der Zusammenarbeit mit Personalberatern entwickelt. Der Bundesarbeitgeberverband der Personaldienstleister e. V. (BAP) vertritt Deutschland im **„World Employment Confederation" (WEC)**. Dieser ist weltweit tätig und sieht sich führend in den wandelnden Anforderungen der Arbeitswelt auch zum Thema Human Resource Services, welches die Arbeitnehmerüberlassung inkludiert.

Neben dem BAP hat der **Interessenverband Deutscher Zeitarbeitsunternehmen e. V. (iGZ)** großen Einfluss auf die Arbeitnehmerüberlassung. Beide Verbände führen über die **Tarifkommission der Verhandlungsgemeinschaft Zeitarbeit (VGZ)** die Verhandlungen über die Tarifverträge und Entgeltgruppen der Leiharbeitnehmer. Die Leiharbeitnehmer sind in keiner eigenen Gewerkschaft organisiert, sondern werden durch die DGB-Tarifgemeinschaft Leiharbeit des Deutschen Gewerkschaftsbundes vertreten. In der Arbeitnehmerüberlassung ist die Tarifbindung sehr hoch und liegt bei annähernd 100 % (Bundesverband Informationswirtschaft and 2020).

Für das Umfeld in den Geschäftsfeldern Contracting und Interim Management mit Focus Freelancer ist das Verbandswesen noch recht jung. Der älteste Verband, welcher auch in Deutschland vertreten ist, sollte für Personaldienstleister „The Association of Professional Staffing Companies (APSCo)" sein. Die meisten Verbände sind meist erst in diesem Jahrtausend entstanden. Beispielhaft werden genannt:

- Verband der Selbständigen und Freiberufler e. V. (VdSuF)
- Bundesverband Informationstechnologie für Selbstständige e. V. (DBITS)
- Verband Freelancer International e.V.
- Arbeitskreis Interim Management Provider (AIMP)
- Dachgesellschaft Deutsches Interim Management e. V. (DDIM), der
- **Bundesverband für selbständige Wissensarbeit e. V.** und der
- **Verband der Gründer und Selbstständigen Deutschland (VGSD)**.

Der VGSD ist Mitglied im **European Forum of Independent Professionals (EFIP) als europäischem Dachverband**. Mitglieder sind wie im DDIM hauptsächlich die Freelancer, während im Bundesverband für selbständige Wissensarbeit e. V. Personaldienstleistungsunternehmen organisiert sind.

3.2 Qualität und Normen

Grundsätzlich ist der Zugang zum Markt sehr unterschiedlich geregelt. Während es im Umfeld der Personalvermittlung keine Zulassungsvoraussetzungen für Selbständigkeit gibt, ist die gewerbsmäßige **Arbeitnehmerüberlassung an eine Genehmigung der Bundesagentur für Arbeit gebunden**. Diese wird zunächst auf ein Jahr befristet ausgestellt und kann nach drei Jahren unbefristet erteilt werden. Die Zulassung ist an die Geschäftsführung gebunden und verlangt nach Zahl der Zeitarbeitnehmer Liquiditätsreserven.

Viele Personaldienstleister bieten Leistungen für Arbeitssuchende in Form von Arbeitsfördermaßnahmen an. Diese sind beispielsweise Bewerbertrainings oder Direktvermittlung in Festanstellung. Diese

Leistungen werden von der Bundesagentur für Arbeit monetär gefördert und haben eine Zertifizierung als Voraussetzung. Der Arbeitssuchende erhält einen Gutschein und kann sich damit an einen Personaldienstleister wenden. Diese **AZAV (Akkreditierungs- und Zulassungsverordnung Arbeitsförderung)** – Zertifizierung ist Voraussetzung zur Abrechnung der Gutscheine durch die Dienstleister mit der Bundesagentur (AVGS – Abrechnungs- und Vermittlungsgutschein).

Der Nachweis von Qualität kann auch durch **Mitgliedschaft in Verbänden oder durch Normen** angezeigt werden. Den Verbänden sind ethische Standards und Nachweise der Qualität sehr wichtig, um die Nachhaltigkeit qualitativ anspruchsvoller Dienstleistung ganzheitlich zu fördern. Die großen Verbände haben für Unstimmigkeiten unabhängige Schlichtungsstellen geschaffen, um die Neutralität der Beurteilung ihrer Ethik-Kodizes zu unterstreichen.

Beispielsweise hat der Bundesverband Deutscher Unternehmensberater BDU e. V. für Personalvermittlung die **Grundsätze ordnungsgemäßer und qualifizierter Personalberatung (GOPB)** entwickelt. Diese Grundsätze umfassen unter anderem Auswahl-und Suchprozesse, Interviewführung und Referenzeinholung auf Kandidatenseite oder rechtliche Gestaltungsräume.

Für die berufsbezogenen Eignungsbeurteilungen wurde vom **Berufsverband Deutscher Psychologinnen und Psychologen (BDP) und der Deutschen Gesellschaft für Psychologie (DGPs) die DIN 33430** initiiert. Diese bezieht sich im Kern auf Grundsätze für Personalbeurteilung, Diagnostik, Evaluation, Qualitätssicherung und Anforderungen an verantwortliche Personen.

Die gängigste Norm in der Branche ist die die **DIN EN ISO 9001**. Diese bezieht sich auf **fortlaufende Prozesse** der Verbesserung von Betrieben und deren spezifischen Anforderungen. Eine regelmäßige Überprüfung der Arbeitsabläufe sichert die Qualität der Dienstleistung.

Ein Zertifizierungsverfahren nach **DIN EN ISO/IEC 17024** weist besondere Kompetenzen im Projektmanagement nach. Dies verlangen viele Kunden im **Umfeld von Gewerken** von ihren Dienstleistern.

Compliance-konformes Vorgehen wird gesellschaftlich immer wichtiger und ist gerade im Umgang mit Menschen, dem Kern jeder

Personaldienstleistung, wichtig. **TR CMS 101:2015** beinhaltet hierfür Richtlinien für den Einsatz von **Compliance Management Systemen**.

3.3 Berufsbilder und Bildung

Grundsätzlich ist der Beruf des Personalberaters nicht gesetzlich geregelt, folglich kann sich jeder den Titel auf die Visitenkarte drucken. Die Berufsbilder und Fortbildungen in diesem Kapitel beziehen sich auf interne Mitarbeiter der Personaldienstleister im Core der Tätigkeit.

Beispielsweise hat ein Unternehmen für Arbeitnehmerüberlassung bei entsprechenden Voraussetzungen weitere Mitarbeiter oder Ausbildungsstellen, etwa im Finanz- oder IT-Bereich. Diese sind nicht Teil des Kapitels, ebenso wenig wie die Berufsbilder der Zeitarbeitnehmer, welche im Abschn. 2.1 in Grundzügen dargestellt werden. Zeitarbeitnehmer müssen auch aufgrund rechtlicher Vorschriften Zugang zu Fortbildungen, auch beim Einsatzunternehmen, haben (EU-Leiharbeiterrichtlinie Art. 5 Abs. 6). BAP und iGZ haben ein modernes und breites Fortbildungsangebot, teilweise verfügen die Unternehmen auch über eigene Akademien.

Die **Bildungshintergründe** über alle Spektren der Personaldienstleistung sind sehr **heterogen**. Grundsätzlich: je höher die Stellung oder Ausbildung der Kandidaten, desto höher ist tendenziell auch der Bildungsabschluss der Mitarbeiter des Personaldienstleisters.

Consultants in der **Personalberatung mit Focus** von beispielsweise **CEO- oder Geschäftsführer-Positionen** von Großunternehmen sind meist aus ebensolchen Positionen in die Beratung gewechselt und verfügen über eine entsprechende Ausbildung. Häufig nutzen sie ihr existierendes Netzwerk und setzen den Schwerpunkt auf spezielle Positionen und/oder Branchen.

Im **Specialist Recruitment** verfügen die Mitarbeiter häufig über eine abgeschlossene Berufsausbildung mit Fortbildungen und Berufserfahrung oder ein abgeschlossenes Studium. Die Studienfächer sind hierbei sehr unterschiedlich und entsprechen oft nicht denen der Kandidaten. Viele Mitarbeiter im Vertrieb oder dem Recruiting kommen aus den Wirtschafts- oder Sozialwissenschaften und der Psychologie.

Mitarbeiter mit Focus auf niedrige Entgeltgruppen haben anteilig seltener studiert und meist eher eine Ausbildung begonnen. Verantwortliche im **Kernsegment der Werkverträge** haben häufig eine Ausbildung entsprechend der in dem zu verrichtenden Werk. Beispielsweise bei einem Gewerk über die Konstruktion eines Teiles des Automobils verfügen die Mitarbeiter über eine entsprechende Ausbildung als Ingenieur. Oder bei einem Gewerk in der Logistik für ein Handelsunternehmen verfügen führende Mitarbeiter über eine entsprechende Ausbildung um das Gewerk entsprechend der Anforderungen verrichten zu lassen.

Studienprogramme sowie Aus-und Fortbildungen mit Focus Personaldienstleistungen haben keine lange Historie und sind erst in den letzten Jahren entstanden. Die Duale Hochschule Baden-Württemberg Lörrach bietet ein sechssemestriges duales Studium zum **Bachelor mit Schwerpunkten Personalmanagement und Personaldienstleistung** an. Ein aufbauendes **Masterstudium** mit Focus des **Managements von Personaldienstleistungsunternehmen** ist möglich. Betriebswirtschaftliche Studiengänge mit Schwerpunkt HR sprechen das Thema Personaldienstleistungen häufig nur am Rande an.

Der dreijährige duale **Ausbildungsberuf „Personaldienstleistungs-Kaufmann/-frau"** wurde 2008 eingeführt. Meist mit Basis Abitur starten jedes Jahr rund 1000 Auszubildende.

In der Arbeitnehmerüberlassung bietet die IHK Fortbildungen zum **„Disponent in der Zeitarbeit"** an. Für vermittelnde Tätigkeiten lautet das Angebot **„Fachkraft für Personalberatung und -vermittlung"**. Der **„Geprüfte Personaldienstleistungsfachwirt"** der IHK entspricht dem des Handwerksmeisters. Beim Bundesverband Deutscher Unternehmensberater können sich Mitarbeiter mit Focus Vermittlung zum **„Personalberater CERC/BDU"** fortbilden.

Größere Personaldienstleistungsunternehmen bilden neue Mitarbeiter meist gezielt in eigenen Akademien fort und haben eine auf die Jobrolle bezogene individuelle hybride Fortbildung auf Basis von blended learning.

Mit dem Wandel der Berufswelt aufgrund Digitalisierung, zunehmender Anforderung der Kunden etc. werden sich auch die

Aus-und Fortbildungen innerhalb der Branche ändern. Neue interessante Jobrollen werden entstehen.

3.4 Plattformen und Crowdworking

Plattformen sind in modernen Personaldienstleistungen nicht mehr weg zu denken, sei es in der Rekrutierung von Kandidaten über Verwaltung von Daten bis hin zu Abrechnungen mit Kunden, Leiharbeitnehmern, Subunternehmern etc.

„Eine **Digitale Plattform**:

- verbindet zwei oder mehr Akteure einer Plattformökonomie
- stellt eine digitale Infrastruktur für die Plattformökonomie bereit
- ist der Intermediär, also der Vermittler, in einer Plattformökonomie
- ...
- stellt die Fähigkeit zur Interaktion aller an einer Plattformökonomie Beteiligten bereit" (Bundesverband Informationswirtschaft and 2020).

Digitale Plattformen sind erst in den letzten Jahrzehnten entstanden, unterschiedlich verbreitet sowie akzeptiert und verfolgen unterschiedliche Zwecke. Diese sind beispielhaft in Abb. 3.1 aufgeführt.

SOZIALE KOMMUNIKATIONS-PLATTFORMEN	DIGITALE MARKTPLÄTZE	VERMITTLUNGS-PLATTFORMEN	CROWDWORKING-PLATTFORMEN
Vermittlung von Kontakten und (personenbezogenen) Informationen sowie Austausch unter den Nutzerinnen und Nutzern	Vermittlung von Produkten und Dienstleistungen ohne Eingriff in Transaktion, auch „Sharing" im engeren Sinne	Vermittlung von Dienstleistungen mit Eingriff in Transaktion, insbesondere On-Demand-Dienstleistungen	Vermittlung von Arbeitskräften, zumeist für IT-nahe Dienstleistungen
z.B. Xing oder Facebook	z.B. MyHammer oder Kleiderkreisel	z.B. Uber, Helpling oder Airbnb	z.B. UpWork oder Amazon Mechanical Turk

BISHERIGE AKZEPTANZ UND VERBREITUNG

Abb. 3.1 Ausprägung digitaler Plattformen

Ebenfalls auf Plattformen basierend sind Vendor Management Systeme und Application Tracking Systeme.

Vendor Management Systeme (VMS) ermöglichen, meist **externe Ressourcen** auszuschreiben, zu verwalten und in einem System webbasiert abzurechnen. Marktführer sind Systeme wie SAP Fieldglass oder beeline. Einige Personaldienstleister verfügen über eigene Vendor Management Systeme. Die Systeme verfügen über eine Vielzahl von Funktionen wie:

- Hinterlegung des Lieferanten-Katalogs
- Lieferantenspezifische Berichtsfunktionen
- Meilenstein-Verfolgung
- Hinterlegung von SLAs
- Posten von Anfragen
- Rollenbasierte Zugriffsrechte
- Genehmigungsfunktionen
- Auswertungen und Reportings
- Automatisierte Rechnungsstellung.

Sie dienen also weniger der Erstansprache von Ressourcen als vielmehr den Prozessen danach als Kommunikationsplattform zwischen Dienstleister und Kunden. **Für Erstansprache und meist interne Ressourcen dienen Application Tracking Systeme (ATS)**. Diese sind wie Customer Relationship Management (CRM-)Systeme, nur mit Focus auf Kandidatenseite zur elektronischen Abwicklung von Rekrutierungsanforderungen, zu verstehen. Features sind unter anderem:

- Posten von Jobs
- Zentrale Datensammlung über Kandidaten und Vorselektion der Daten auf Anforderungen
- Kommunikation mit Kandidaten über unterschiedliche Kanäle
- Koordination bis hin zu automatisierter Terminvereinbarung von Vorstellungsgesprächen
- Auswertungen hinsichtlich Kandidatenquellen, BI- und Reporting-Funktionalitäten

Das Füllen dieser Application Tracking Systeme mit Bewerbern wird neben Stellenanzeigen, Empfehlung von Mitarbeitern etc. zunehmend über **Active Sourcing** erreicht. Active Sourcing ist für moderne Personaldienstleister unabdingbar und beinhaltet die zielgerichtete aktive Ansprache von Kandidaten mit dem Ziel, diese für sich oder Kunden zu rekrutieren. Wesentliche Tools sind soziale Kommunikationsplattformen wie XING, LinkedIn oder Facebook.

Auch in der Rekrutierung von Freelancern sind die genannten Quellen hilfreich. Es gibt aber auch zahlreiche **Plattformen, welche sich auf Freelancer spezialisiert haben.** Beispielhaft kann hier Expertlead, 4Scotty oder Digitalnomadjobfinder.com genannt werden. XING hat mit HalloFreelancer einen extra kostenpflichtigen Service für die Rekrutierung von Freelancern im Angebot. Die Leistungen gehen über die Rekrutierung hinaus. Sie bietet unter anderem auch Verwaltungsfunktionalitäten oder die Prüfung von Scheinselbständigkeit.

Für die elektronische Vermittlung zwischen Kunden und Personaldienstleister für den Einsatz von Zeitarbeitnehmern hat der Interessenverband Deutscher Zeitarbeitsunternehmen e. V. (iGZ) im Juli 2020 die Plattform www.matchtime-personal.de gelauncht. Die Plattform dient als Vermittler zwischen Kunden und Personaldienstleistern. Kann der Dienstleister eine eingestellte Kundenanfrage bedienen, so gibt er mit einem anonymisierten Profil des Leiharbeitnehmers ein Angebot ab.

Das Thema **Crowdworking** ist für Personaldienstleister recht jung. Kundenunternehmen vergeben Aufträge teilweise direkt über Plattformen als zusätzlichen Weg zur Auftragsvergabe. Somit werden Plattform-Anbieter zu Konkurrenten. Einige Personaldienstleister übernehmen diese Konkurrenz oder gründen selbst Plattformen. Somit erweitern sie ihr Portfolio.

Crowdworking bezeichnet die Auslagerung von Projekten, Aufgaben oder auch Gewerken direkt aus dem Unternehmen an eine Gruppe von auf der Plattform angemeldeten Internetnutzern. Die Objekte der Auslagerung sind sehr unterschiedlich und reichen von sehr einfachen mechanischen oder logistischen Tätigkeiten über gestalterische, vertriebliche oder journalistische Aufgaben bis hin zu Forschungs- oder Entwicklungsaufgaben. Höherstehende Tätigkeiten sind häufig in der IT zu finden.

Die Zahl der Crowdworker in Deutschland wird auf bis zu 1,5 Mio. geschätzt. Das Bundesministerium für Arbeit und Soziales hat in einem Weißbuch einige Fakten zusammengetragen (Bundesministerium für Arbeit und Soziales 2017, S. 56):

- Die Nutzung vonseiten der Unternehmen ist gering und dürfte bei unter 3 % liegen
- Typische Attribute von Crowdworkern sind:
  - Eher jüngere alleinstehende Männer mit eher niedrigem Bildungsabschluss
  - Circa 30 % betreiben Crowdworking hauptberuflich
  - Weniger als die Hälfte der Clickworker erzielen mehr als 4 TSE monatlich

Als juristische Basis wird meist ein Dienstvertrag nach § 611 BGB eingesetzt. Es besteht kein Schutz durch das Arbeitsrecht. Plattformbetreiber stehen in der Kritik der Gewerkschaften, auch im Hinblick auf Scheinselbständigkeit. Gerichtsurteile stuften Crowdworker bisher aber mehrheitlich als Selbständige ein. Mit www.faircrowdwork.de hat die IG Metall gewerkschaftliche Informationen bereitgestellt und fördert den Austausch zu Crowd-, App- und plattformbasiertem Arbeiten. Die Anbieter können sich im Deutsche Crowdsourcing Verband vertreten lassen. Dieser hat einen Code of Conduct für bezahltes Crowdworking entwickelt.

In Summe ist damit zu rechnen, dass die Bedeutung von Plattformen mit fortschreitender Digitalisierung und dem Generationenwandel zunehmen wird.

3.5 Google for Jobs

In Deutschland gibt es über 1000 Online-Jobbörsen, häufig spezialisiert auf Branchen, Regionen oder Jobrollen etc. Aber: **Google for Jobs** ist **keine Stellenbörse, sondern** greift als **Webcrawler** auf Stellenangebote im Internet zu. Google holt sich somit Inhalte von unternehmenseigenen Karriereseiten oder Jobbörsen und zeigt diese strukturiert an. Der Dienst wird in Deutschland seit Mai 2019 angeboten.

Auf Google for Jobs können keine Anzeigen geschaltet werden. Es besteht auch keine Möglichkeit, sich höhere Rankings bei der Suche zu erkaufen. Die Stellenanzeige muss durch Google gefunden werden. Um gefunden zu werden müssen Vorgaben von Google eingehalten werden. Dieser Standard in HTML nennt sich schema.org, mit strukturierten Daten im JSON-LD-Code und hat Basics wie Ladezeit oder Optimierung der Seiten für mobile Suchen. Google stellt Grundvoraussetzungen und ergänzt diese um empfohlene Eigenschaften für die Stellenanzeige. **Je mehr Eigenschaften erfüllt** werden, desto mehr Informationen hat Google und **umso besser erfolgt das Ranking** der Anzeige.

Unstrittig erfolgt der **Einstieg in eine Jobsuche häufig über Google**. Google for Jobs bietet den Jobsuchenden zahlreiche Vorteile, unter anderem eine

- kostenlose Suche,
- Anzeige offener Stellen an einem Ort, das
- Erkennen von Dubletten und somit auch eine gewisse
- Zeitersparnis, auch durch die
- Möglichkeit der direkten Bewerbung. Der Suchende muss also die Seite nicht verlassen.

Google greift also auf Anzeigen zu. Diese werden mit Daten aus anderen Seiten wie unter anderem Gehaltsspannen ergänzt. Die Steigerung der Treffgenauigkeit erfolgt über Filtermöglichkeiten nach:

- Stellentitel
- Standort und Entfernung
- Sprache
- Datum der Veröffentlichung
- Voll- oder Teilzeit
- Arbeitgeber

Vorteile für Stellenpostende sind **sehr gute Such-Algorithmen**, eine **lernende Technologie**, und durch **interessante Filtermöglichkeiten** das **Auffinden der Anzeige** durch passgenaue Kandidaten. Letztendlich ist es ein Weg zu mehr Kandidaten auf eine Stellenanzeige. Und: es müssen an Google keine Zahlungen geleistet werden!

Für weitere Informationen empfehle ich das Buch von Henner Knabenreich. Der Autor stellt sehr lesenswert die Benefits raus und beschreibt, wie Google den Jobmarkt verändern wird (Henner Knabenreich, Google for Jobs: Wie Google den Jobmarkt revolutioniert und Sie im Recruiting profitieren, Springer Gabler; Auflage: 1. Aufl. 2019 (22. August 2019), ISBN-10: 3658273321, ISBN-13: 978-3658273323).

Bisher erfüllen vergleichsweise wenig Unternehmen die Voraussetzungen von Google for Jobs. Sicherlich können auch Nachteile gesehen werden, aber viele Einstiege der Suchenden erfolgen über Google. Hier stellt sich die Frage, was Unternehmen zu verlieren haben, da die Existenz nun mal vorhanden ist. Insofern empfehle ich: **machen Sie ihr Unternehmen fit für Google for Jobs!**

3.6 Zusammenarbeit und Umgang der Beteiligten – König Kandidat und König Kunde

Der Personaldienstleister hat zwei Kunden: den Kunden und den Kandidaten! In vielen Bereichen ist der „König Kunde Kandidat" sehr viel schwieriger zu finden, anzusprechen und von sich zu überzeugen als der „König Kunde Kunde". Ziel sollte sein, mit beiden Beteiligten eine „win-win"-Situation zu erzielen. Letztendlich arbeiten Mitarbeiter von Personaldienstleistungsunternehmen somit an „win-win-win"-Situationen.

Der **Kandidat** kann künftiger Leiharbeitnehmer oder Festangestellter im herkömmlichen Sinne, klassischer Kandidat zur Vermittlung oder im Falle von Contracting oder Gewerken ein Solo-Selbständiger bis hin zu größeren Unternehmen als Subunternehmer sein. Selbst wenn wir Arbeitssuchende, Kandidaten aus dem Ausland, Suche nach

Zweitbeschäftigung, Rentner mit Wunsch nach Weiterbeschäftigung etc. **nicht** mit einberechnen, so ist die Zahl der Erwerbstätigen bei über 40 Mio. Weit über 40 Mio. potenzielle Ansprechpartner für Personaldienstleistungsunternehmen auf Seiten des „König Kunde Kandidat".

Ansprechpartner für Personaldienstleister aufseiten der **Kunden** sind von Handwerksbetrieben mit wenigen Mitarbeitern bis zu Behörden und Milliardenkonzernen quasi überall zu finden. Die Zahl der Ansprechpartner auf Kundenseite setzt sich bei größeren Unternehmen zusammen aus Fach- und Führungskräften sowie koordinativ tätigen Stellen wie HR oder Einkauf. Nehmen wir an, eine Führungskraft ist ab circa 10 Mitarbeitern als Ansprechpartner relevant. Bei über 40 Mio. festangestellten Erwerbstätigen ergeben sich somit über 4 Mio. Ansprechpartner. Über 4 Mio. potenzielle Ansprechpartner für Personaldienstleistungsunternehmen auf Seiten des „Kunden Kunde" nur auf Seiten der Führungskräfte.

Somit sind wir bereits bei über 44 Mio. potenzielle Ansprechpartner auf Seiten Kandidat und Kunde. Viele sind auf beiden Seiten Ansprechpartner – also Kunde und Kandidat gleichzeitig. Es gibt weit über 10.000 Betriebe, welche Personaldienstleistungen als Hauptzweck ihrer Tätigkeit anbieten. Diese haben über 70.000 interne Mitarbeiter. Insofern ergibt sich eine riesige Menge an Kontaktmöglichkeiten. Hätte jeder mit jedem Kontakt wären es in der Theorie Trillionen Kontaktpunkte.

Diese können selbstverständlich nicht gleichermaßen bedient werden. Deshalb müssen sie selektiert und somit reduziert werden. Dies erfolgt auch über **Marktabgrenzung**. Also der Frage auf welchem Markt das Unternehmen tätig ist und folgend, wer Ansprechpartner ist. Und wer eben kein Ansprechpartner ist. Wie sind Personaldienstleistungsunternehmen am Markt positioniert? Sie grenzen sich mit unterschiedlichen, teilweise kombinierten, Merkmalen ab. Diese sind unter anderem:

- Unternehmensgröße
- Region
- Vertragsart
- Abrechnungsmodell

- einfachere Tätigkeiten oder Einstiegspositionen nach dem Studium mit Fach- oder Führungspositionen im sogenannten Specialist Recruitment bis hin zum Executive Search
- Ausbildung der Kandidaten oder Berufsbilder/Spezialisierung
- Kundenbranche

Für **Kandidaten**, egal ob als Freelancer, Leiharbeitnehmer oder Kandidat für Personalberatungsleistungen, sollten diese Abgrenzungsmerkmale erste Kriterien sein. Cluster gilt es zielgerichtet und individuell anzusprechen!

Die meisten Personaldienstleister arbeiten absolut vertrauenswürdig und kompetent. Viele weisen dies durch ISO-Normen, die Verpflichtung zu einer Einhaltung eines Verhaltenskodex oder Mitgliedschaften in Verbänden nach. Mehrere Verbände haben eine Kontakt- und Schlichtungsstelle eingerichtet. Diese sind Ansprechpartner für Kandidaten wie Kunden und meist im Sinne eines Ombudsmanns unabhängig vom Verband. Kandidaten sollten Personaldienstleistern deshalb auch zunächst Vertrauen schenken. Dies aber nicht blind. Deshalb sollten sich Kandidaten selbst Fragen beantworten wie:

- Welche Leistungen erhoffe ich mir zum jetzigen Zeitpunkt von Personaldienstleistern
- Welche Personaldienstleister sind grundsätzlich interessant
- Warum bin gerade ich zum jetzigen Zeitpunkt für den Personaldienstleister interessant
- Passt der Fit im Sinne von Berufsbild, gewünschter Vertragsart, Hierarchiestufe etc. zu meinen Vorstellungen
- Für welche konkreten Kunden arbeitet der Dienstleister
- Wie ist mein persönliches Verhältnis zu den direkten Ansprechpartnern

Sollten Kandidaten ernsthaftes Interesse an einer strukturierten Zusammenarbeit mit einem Personaldienstleister haben, so sollten sie für sich nach der eignen Motivation und Zielrichtung fragen. Wenn diese Frage beantwortet ist, so könnte sich die Recherche nach mehreren interessanten Dienstleistern lohnen. Kein Dienstleister in

Deutschland hat alle Anfragen aller Unternehmen in der Beauftragung. **Sie erhöhen ihre Erfolgschancen hinsichtlich des Veränderungswunsches durch gezieltes gemeinsames Vorgehen mit Personaldienstleistern erheblich!**

Mit Auswahl der richtigen Unternehmen und Ansprechpartner sollten sich die Kandidaten, egal in welcher Vertragsart, aber auch wirklich öffnen und Informationen aktiv kommunizieren. Viele führende Personaldienstleister verfolgen immer mehr das Ziel, (berufs-)lebenslanger Partner für Kandidaten in den jeweiligen Vertragsarten zu sein. Sie wollen Services, Apps, Plattformen etc. auf ein höheres Level heben. Einige investieren erhebliche Mittel für Karrierecenter oder als Anbieter von Fortbildungen und kaufen hier auch klassische Fortbildungsträger auf.

Kandidaten sollten sich also auf eine **Auswahl individuell passender Dienstleister beschränken**, mit diesen aber offen, transparent und ehrlich kommunizieren.

Um von Kandidaten wie Kunden gefunden und ausgewählt zu werden, sollten aber auch die **Personaldienstleister** individuelle Stärken entwickeln. Eine entsprechende **Positionierung am Markt** ist wichtig! Personaldienstleiter müssen sich immer mehr zu **Experten** innerhalb ihres Leistungsangebots entwickeln. Der **Anspruch** von Kandidat und Kunde **wird** tendenziell **steigen**. Expertentum im eigenen Leistungsportfolio wird ein wichtiger Baustein für künftigen Erfolg sein. Aber: die Marktpartner haben einen Anspruch auf proaktive Ehrlichkeit. Nein zu sagen zu Anfragen, welche nicht im eigenen Kompetenzbereich stehen, gehört dazu. Und wenn man zu Anfragen „ja" gesagt hat, dann bitte auch nicht nur abwartend daran arbeiten, sondern aktiv. Wichtig ist, den Ansprechpartner über aktuelle Stände zu informieren sowie auch abzusagen, sollte man dem Gegenüber zum jeweiligen Zeitpunkt nicht weiterhelfen können.

Auf Seiten der **Kunden** gilt in Richtung Dienstleister leider immer noch zu häufig „wer zum richtigen Zeitpunkt anruft, bekommt auch den Auftrag". Zwar haben sich in den letzten Jahren die Einkaufsstrukturen für Personaldienstleistungen, insbesondere bei Großunternehmen, in Teilen erheblich verbessert. Aber ein sehr großer Teil verläuft immer noch auf Basis von **ad-hoc Entscheidungen,**

welcher Dienstleister beauftragt wird. **Maverick Buying** der Fachseite wird leider stillschweigend geduldet. Hier bestehen für Kunden noch erhebliche Verbesserungs- und Kosteneinsparungspotentiale. Und dies auf tendenziell höherem Qualitätsniveau.

Die Auswirkungen von Corona haben auch gezeigt, wie wirkungsvoll die Zusammenarbeit mit Personaldienstleistern sein kann. Dies im Sinne von Flexibilität beim Abbau von Arbeitsplätzen wie auch zur Aufstockung bei Kapazitätsengpässen in einzelnen Bereichen. Corona treibt **Digitalisierung** und **neue Arbeitsformen** schneller voran. Kunden sollten Lösungen für das **Workforce Management** aktiv starten oder weiter professionalisieren. Viele Unternehmen mit bereits professionalisiertem Einkauf von Freelancer-Leistungen waren klar im Vorteil. Freelancer sind gewohnt, sich schnell auf geänderte Anforderungen einzustellen. Viele von ihnen haben auch die technischen Möglichkeiten zur 100-prozentigen Remotearbeit.

Die Zukunft wird in vielen Bereichen das nahtlose ineinandergreifen von internen wie externen Ressourcen sein. Die Antwort darauf wird **ganzheitliches Workforce Management** sein. Dies beinhaltet auch externe Ressourcen. Teile der externen Workforce werden durch Personaldienstleistungsunternehmen gestellt werden. Professionell wird man nur mit einer endlichen Zahl von Dienstleistern zusammenarbeiten können. Die Reduktion der Zahl der Personaldienstleistungsunternehmen als professioneller Partner wird die Folge bei vielen Unternehmen sein. Diese werden aber effektiver und effizienter für ihre Kunden arbeiten und höhere Umsätze effizienter abwickeln können.

Für Kunden ist es bei weit über 10.000 potenziellen Personaldienstleistern schwierig, die individuell richtigen für sich auszuwählen. Auch aus diesem Grund sollte die **Auswahl der Partnerunternehmen** gewissen Regeln folgen, um ein optimiertes Ergebnis zu erzielen. Viele, auch Großunternehmen, haben sich nicht ausreichend damit beschäftigt. Im ersten Step sollte eine zentrale Stelle analysieren, welche Berufsbilder oder Leistungen in der Vergangenheit eingekauft wurden. Und welche in den nächsten 2-3 Jahren in welchem Umfang gebraucht werden. Einkauf oder HR sollten hierbei auch die Fachseiten einbeziehen. Bei umfassendem Bedarf sollte gezielt geplant werden. Wichtig: klären sie nicht nur Umfang und Berufsbild, sondern auch die benötigten

Vertragsformen, nicht zuletzt vor dem Hintergrund der Compliance. Diese Trennung wird entscheidenden Einfluss auf die Auswahl der Dienstleister haben. Holen Sie die Fachseiten auch für die Beurteilung der bisherigen Dienstleister an Bord. Die Präferenzen der Fachseite werden bei der Akzeptanz und Umsetzung des Change helfen.

Bei ausreichendem Einkaufsvolumen erstellen sie eine **Matrix aus Berufsbild/Leistung und Vertragsform**. Bitte schätzen sie das jeweilige ungefähre Volumen und notieren sich Namen der Dienstleister für die jeweiligen Felder. Anbieter werden vermutlich mehrfach auftauchen. Somit haben sie eine Basis für mögliche Verhandlungen mit den interessanten Zulieferern. Analysieren sie das Leistungsangebot dieser Dienstleister auf ihre weiteren Bedarfe. Bitte ergänzen sie weitere alternative Anbieter.

Einige große Dienstleister haben ein sehr breites Leistungsportfolio und werden ihnen in nahezu allen Fragestellungen weiterhelfen können. Die Leistungsfähigkeit kleinerer oder spezialisierter Anbieter sollte aber in keinem Fall unterschätzt werden. Insbesondere in der Personalberatung gibt es Anbieter mit nur wenigen, aber in ihrem Segment sehr gut vernetzten Mitarbeitern. Es kann also ein Mix aus großen Personaldienstleistern und ergänzend spezialisierten kleineren Beratungsunternehmen zum Erfolg führen. Sie sollten aber für jedes Feld der Matrix nicht zu viele Unternehmen aussuchen.

Für die **Personalvermittlung** sollte in jedem Fall die fachliche und hierarchische Positionierung des Anbieters mit ihren Ansprüchen stimmig sein. Und dies nicht nur auf das Unternehmen, sondern auch auf ihren persönlichen Berater bezogen. Bei diesem sind neben der fachlichen Eignung die persönliche Ebene sowie Erfahrungen in der zu besetzenden Hierarchiestufe wichtig. Gute Personalberater legen unter anderem Wert auf:

- Sehr viel Zeit für die Bedarfsanalyse und ihr Umfeld, auch im Sinne von Wertvorstellungen
- Erkundigen sich, welche Anstrengungen bereits intern gemacht wurden, um die Position zu besetzen oder ob noch andere Dienstleister mit der Position beauftragt wurden
- Haben auf Positionen und eventuell Regionen passende Referenzen

- Lehnen Aufträge ab, wenn Positionen nicht in ihrem „Spielfeld" sind oder sie zeitlich keine ausreichenden Kapazitäten haben
- Zeigen aktiv auf die Position bezogene Suchmethoden auf und fragen nach Ergänzungswünschen
- Verlangen vom Kunden aktive Mitwirkung, beispielsweise durch schnelle Gesprächsterminierung nach Vorstellung von Dossiers
- Zeigen bereits zu Beginn des Prozesses die nächsten auch zeitlich zu erwartenden Schritte auf

Sie sollten klären, zu welchem Zeitpunkt des Prozesses welche Positionen extern beauftragt werden. Und welche Positionen intern rekrutiert werden. Sollten die Stellen eher im Kernsegment ihres Unternehmens sein, oder bei selten gesuchten Profilen? Investieren sie erst intern Zeit in die Position und vergeben sie diese erst nach einigen Wochen extern? Zahlreiche Fragen sollten beantwortet und kommuniziert werden.

Durch das Geschäftsmodell sind Anbieter von Leistungen im Contracting und der Arbeitnehmerüberlassung häufig grösser und umsatzstärker als spezialisierte Personalberatungen. Auch bei Werkverträgen ist dies der Fall. Insbesondere bei Gewerken kann es sich auch lohnen, nicht nur auf Personaldienstleister zurückzugreifen, sondern sich direkt passende Anbieter zu suchen. Personaldienstleister können äußerst hilfreich sein, wenn der Focus auf Search geeigneter Werkvertragsanbieter oder effizienter vertraglicher Abwicklung steht.

Bei Contracting und Arbeitnehmerüberlassung ist häufig die Abwicklung hoher Volumina wichtig. Allerdings gibt es gerade in der Arbeitnehmerüberlassung kleinere Anbieter mit sehr gutem regionalem Wissen oder höchster Kompetenz in einzelnen Berufsbildern. Die Abstimmungen mit dem Ansprechpartner finden häufiger und intensiver als in der Personalberatung statt. Positionen in der Personalberatung sind dagegen häufig einmalig zu besetzen.

Auch in diesen Vertragsformen lohnt die Auswahl einiger Dienstleister mit regionalem und/oder berufsbildbezogem Focus. Große Anbieter haben auch beide Vertragsformen, national wie international, im Angebot. Und dies über viele gängige Berufsbilder in unterschiedlichen Hierarchie-Ebenen.

Die Zahl der Dienstleister sollte auch hier beschränkt werden. Die Zusammenarbeit zwischen Kunde und Ansprechpartner des Dienstleisters wird in der Regel mit steigender Zahl eingekaufter Leistungen effizienter. Weiter werden durch hohes Volumen niedrige Preise verhandelt werden können. Und dies bei höherer Qualität!
Wichtige Indikatoren in der Beurteilung der Dienstleister in den Vertragsformen Contracting oder Arbeitnehmerüberlassung sind unter anderem:

- Ausbildung und Zahl interner Mitarbeiter
- Compliance- und Qualitätsmanagement-Systeme
- Marktzugang auf Seiten der Kandidaten
- Innovative Methoden und gruppenbezogene Cluster in der Rekrutierung
- Größe der Datenbank
- Nachweis passender Referenzen
- Ausreichende Bonität
- Ausbildung und Fit der Ansprechpartner
- Finanzielle Ressourcen
- Ausreichende Haftpflichtversicherung
- In der Arbeitnehmerüberlassung beispielsweise auch die unbefristete Arbeitnehmerüberlassungserlaubnis, Anwendung von Tarifverträgen, faire Löhne, passende Arbeitsbedingungen, Arbeits- und Gesundheitsschutz etc.

Der Kunde sollte pro Cluster der Matrix 4-5 Anbieter auswählen. Es wird einige Mehrfach-Nennungen geben, was die darauf folgende Arbeit entscheidend reduzieren wird. Sie sollten die Leistungen ausschreiben und darauf bieten lassen. Erfassen Sie den Dienstleister ganzheitlich. Besuchen sie diesen vor Ort. Eine Möglichkeit, mehr Volumen mit einzelnen Dienstleistern abzuwickeln, aber gleichzeitig immer wieder den Marktbench abrufen zu können, ist eine Abstufung der Dienstleister. Dieser Bench bezieht sich unter anderem auf Preis, Lieferfähigkeit, Geschwindigkeit der Profilvorstellung und Qualität der vorgestellten Kandidaten. Wählen sie beispielsweise zwei Dienstleister aus, welche alle Anfragen in den jeweiligen Kategorien erhalten. Weiter 2–3 Unternehmen, welche nur jede zehnte Anfrage bekommen. Die Dienstleister, welche standardmäßig für alle Anfragen vorgesehen sind, sollten aber nicht informiert werden, welche Anfragen zusätzlich breiter ausgeschrieben werden. Somit erhalten sie sich die Marktsicht und bündeln gleichzeitig das Volumen auf einzelne Anbieter.

Wie bereits erwähnt plädiere ich für ein ganzheitliches Workforce-Management – also unter Einbeziehung externer Ressourcen. Human Resources sind in vielen Wirtschaftszweigen der Treiber künftiger Wertentwicklung von Unternehmen. Insofern sollten auch externe Ressourcen professionell gemanagt werden. Dabei appelliere ich:

- Arbeiten sie ehrlich und transparent mit ihren Dienstleistern zusammen
- Agieren sie auf Augenhöhe
- Nutzen sie aktiv das Wissen und häufig auch den technologischen Vorsprung des Partners

Personaldienstleister können ihr Potenzial nur bei entsprechender Offenheit von Kandidaten und Kunden voll entfalten.

Ziel des Personaldienstleistungsunternehmens sollte stets die „win-win-win"-Situation sein!

3.7 Ausblick

VUCA ist kein neues japanisches Brettspiel, sondern steht für eine immer komplexer werdende Umwelt. VUCA ist sehr gut auf die Welt der Arbeit übertragbar:

- Volatilität („volatility")
- Unsicherheit („uncertainty")
- Komplexität („complexity")
- Mehrdeutigkeit („ambiguity")

Die Welt der Arbeit ist bereits komplex wie nie. **Künftig wird eine valide langfristige Planung noch schwieriger.** Agile Methoden wie Design Thinking oder Scrum sollen die Findung der Antworten erleichtern und setzen auf **explorative Vorgehensweisen.** Sie unterstützen Unternehmen unter anderem dabei, flexibler und angepasster ihre individuellen Zielgruppen zu erreichen.

Geschwindigkeit ist ein wesentlicher Faktor, nicht nur in der IT! Die Digitalisierung erfasst nahezu alle Branchen. Kunden- und Mitarbeiteransprüche ändern sich. Die Gefahr des Eintritts neuer und disruptiver Wettbewerbsmodelle wächst. **Beweglichkeit** und schnelles Reaktionsvermögen sind essentiell für das künftige Überleben.

Die Zukunft der Arbeit ist langfristig schwer zu prognostizieren. Sicher ist nur: sie wird sich ändern! **Flexicurity** steht für flexibility und security. Dieses arbeitsmarktpolitische Konzept versucht, die notwendige Flexibilität von Unternehmen mit den Interessen der Arbeitnehmer nach Sicherheit zu kombinieren. Das „Gesetz zur Förderung der beruflichen Weiterbildung im Strukturwandel und zur Weiterentwicklung der Ausbildungsförderung" des Bundeministeriums für Arbeit und Soziales soll Antworten darauf finden. So „führen Umbau und Strukturwandel hin zu einer emissionsarmen (Treibhausgasneutralität bis 2050) und digitalen Wirtschaft auch zu einer **Transformation der Arbeitswelt, die die Anforderungen an Qualifikationen und Kompetenzen der Beschäftigten verändern und große qualifikatorische Anpassungen notwendig machen wird.** Der Anteil der sozialversicherungspflichtig Beschäftigten, die in einem Beruf mit einem hohen Substituierbarkeitspotenzial arbeiten, ist nach einem Bericht des Instituts für Arbeitsmarkt- und Berufsforschung in den letzten Jahren stark gestiegen. Personen ohne abgeschlossene Berufsausbildung sind mit rund 18 % bereits heute sechsmal so häufig von Arbeitslosigkeit betroffen wie Fachkräfte. Der Strukturwandel wird sich auf Branchen und Regionen unterschiedlich auswirken. In vielen Bereichen des verarbeitenden Gewerbes ist mit erheblichem Anpassungsbedarf zu rechnen." (Bundesministerium für Arbeit und Soziales 2020, S. 1)

Welche Trends erwarten uns in Zukunft? **Arbeit wird in vielen Jobrollen immer unabhängiger von Ort und Zeit.** Durch KI werden Produktivitäts- und Wachstumssteigerungen entstehen. Der Mensch erfährt durch Roboter und KI Unterstützung bei der Entscheidungsfindung. **Einzelne Jobrollen** werden vollständig automatisiert werden. Sie **fallen** insbesondere in hochentwickelten Industriestaaten **weg**. Komplett neue und heute unbekannte Berufsbilder werden entstehen.

Die Stellung der Arbeit, demografischer Wandel sowie der Wertewandel der Generationen haben entscheidende Einflüsse. Schnellere technologische Zyklen, eine steigende Zahl von Unternehmen mit Organisationstrukturen nach Projekten sowie eine kleinteiligere Spezialisierung benötigen Antworten. Diese Antworten werden immer wieder neu gefunden werden müssen. Dies wird kein Sprint, sondern ein Marathon.

Viele Trends sprechen für eine zukünftig weiter steigende Bedeutung der Human Resources in Unternehmen. Somit auch für ein **professionelles Workforce Management, welches Personaldienstleistungen umfasst.** Die Leitplanken für Personaldienstleistungen werden natürlich nicht nur von Trends, sondern auch stark von Gesetzgebung und Politik beeinflusst.

Auch diese Einflüsse sind schwer zu prognostizieren. Geben die Parteien dem Wunsch nach Flexibilität der Wirtschaft nach? Jüngere Diskussionen zur Arbeitnehmerüberlassung in Pflege und Fleischwirtschaft lassen zumindest Zweifel hegen. Die Auswirkungen vom „Gesetz zur Änderung des Arbeitnehmerüberlassungsgesetzes und anderer Gesetze" aus 2017 werden untersucht, Änderungen daraus sind frühestens ab 2022 zu erwarten.

Das durch Corona zeitweise eingebrochene Wachstum und die Folgen für die Personaldienstleistungen sprechen eher für einen Erhalt des gesetzlichen Status quo oder gar für Lockerungen der Gesetze im Sinne der Personaldienstleister. Corona trägt sicherlich zur Bereinigung des Personaldienstleistungsmarktes bei und wird die Zahl der Anbieter reduzieren. Auf der anderen Seite hat Corona den Fachkräftemangel in einzelnen Bereichen intensiviert. Dies spricht wiederum für den verstärkten Einkauf von Personaldienstleistungen. Auch die Rückholung der Produktion einzelner Bereiche wird Personaldienstleistungen stützen.

Personaldienstleistungen sind letztendlich auch ein Spiegel des gesellschaftlichen Wandels. So werden im Bereich der Arbeitnehmerüberlassung Jobs mit niedrigerer Qualifikation deutlich weniger werden. Das „Gesetz zur Förderung der beruflichen Weiterbildung im Strukturwandel und zur Weiterentwicklung der Ausbildungsförderung" des Bundesministeriums für Arbeit und Soziales wird zu **höherer monetärer Unterstützung von Weiterbildungen führen**. Dienstleister entdecken zunehmend diese Bereiche für sich. Sie investieren viel in Konzepte, Programme, Plattformen oder übernehmen Unternehmen aus diesem Sektor. Moderne Personaldienstleistungsunternehmen wollen (berufs-)lebenslanger Partner ihrer Kandidaten, egal in welcher Vertragsform, werden.

Die absolute Zahl der Erwerbstätigen in Deutschland wird sinken. Weiter sprechen viele Punkte für eine anteilige Erhöhung der Zahl der hochqualifizierten Selbständigen. Die Versicherungspflicht für Selbständige ist politisch in konkreter Umsetzungsplanung. Die Umsetzung wird uns über Jahre begleiten. Die Pflichtversicherung für Selbständige wird Druck aus Diskussionen um Scheinselbständigkeit nehmen. Die Vertragsform Contracting wird damit durch steigende Nachfrage beflügelt. Positivkriterien für Selbständigkeit geben Sinn. Damit würde der Nachweis der Selbständigkeit projektunabhängig und dauerhafter.

Eine zunehmende Professionalisierung der internen HR-Abteilungen wird in Teilen die Sinnhaftigkeit der Personalberatung für vermittelnde Tätigkeiten durch eigenes Active Sourcing etc. ersetzen. Auf der anderen Seite werden Dienstleister zunehmend strukturierter und ganzheitlicher eingesetzt werden. Somit werden Volumina für einzelne Dienstleister erhöht und zunehmend Recruitment Process Outsourcing (RPO) – Programme etabliert werden. **Fachkräftemangel in etlichen Jobrollen wird uns begleiten**.

Personaldienstleistungen sind in der arbeitsteiligen Wirtschaft nicht wegzudenken. Personaldienstleister werden zunehmend durch KI unterstützt. Sie werden effektiver und effizienter arbeiten. Der Umsatz auf den einzelnen Mitarbeiter wird steigen. Interessante interne Optionen machen Personaldienstleistungsunternehmen zu immer attraktiveren Arbeitgebern.

> **Ihr Transfer in die Praxis:**
> - Erarbeiten Sie welche Erfolgsbausteine für Ihr Business wichtig sind – und welches Selbstverständnis Ihr Unternehmen für den Umgang mit Partnern im Markt haben wird
> - Gleichen Sie die wichtigsten Erfolgsbausteine mit dem Status quo ab und achten Sie dabei besonderes auf Qualität
> - Legen Sie bei Aus-und Fortbildung insbesondere Wert auf die Zukunft, nicht auf die Vergangenheit
> - Die Zukunft können auch Plattformen sein
> - Viele Unternehmen haben erhebliches Potential über die individuelle zielgruppengerechte Ansprache der Kandidaten – in Google for Jobs könnten zusätzliche Potentiale geborgen werden

Literatur

Bundesverband Informationswirtschaft, Telekommunikation und neue Medien e. V. (2020). Der IT-Mittelstand - IT-Mittelstandsbericht 2020 | Fokus Digitale Plattformen, Berlin

Interessenverband Deutscher Zeitarbeitsunternehmen e.V. (2018). Tarifbindung: Zeitarbeit ist Vorreiter. https://www.ig-zeitarbeit.de/presse/artikel/tarifbindung-zeitarbeit-ist-vorreiter. Zugegriffen: 30. Okt. 2020

Bundesministerium für Arbeit und Soziales (2017) Weissbuch „Arbeiten 4.0", Berlin

Bundesministerium für Arbeit und Soziales (2020) Gesetzentwurf der Bundesregierung - Entwurf eines Gesetzes zur Förderung der beruflichen Weiterbildung im Strukturwandel und zur Weiterentwicklung der Ausbildungsförderung, Berlin

The manufacturer's authorised representative in the EU is Springer Nature Customer Service Centre GmbH, Europaplatz 3, 69115 Heidelberg, Germany. If you have any concerns regarding our products, please contact ProductSafety@springernature.com

Printed and bound by CPI Group (UK) Ltd, Croydon, CR0 4YY

25/03/2026

02078232-0005